鼎談

会計のいま、監査のいま、そして内部統制のいま

日本経済を支える基本課題とは？

八田進二
Hatta Shinji
伊豫田隆俊
Iyoda Takatoshi
橋本　尚
Hashimoto Takashi

同文舘出版

はしがき

21世紀に入ってから今日に至るまで，企業を取り巻く環境の変化と，その活動を表す会計の変革には目を見張るものがあります。とりわけ，企業会計を取り巻く環境変化を表すときの枕詞として，グローバル化（国際化）やＩＴ化（情報化）といった用語が使われるようになって久しいですが，その流れは，今も続いてきているというのが実状です。この間，ＩＦＲＳ（国際財務報告基準）に象徴されるように，国際レベルでの会計基準の統一化（コンバージェンス）の流れの中で，また，日進月歩のＩＴ環境の変化の中で，多くの企業は，金銭的ないし時間的コストの負担だけでなく，最新の会計知識の習得を余儀なくされてきているものと推察されます。

ところで，21世紀初頭に起きたエンロン社の会計不正に端を発して，規制強化へと舵が切られたアメリカの会計社会ですが，同様の指摘はわが国の場合にも当てはまります。それどころか，わが国の場合には，相変わらず，歴史ある著名企業においても会計不正が露呈しており，日本社会全体として，会計を取り巻く状況が変わっていないということに改めて驚かされます。それは，経営者をはじめ多くの企業関係者において，「正しい会計を行う」という信念ないしは思考に乏しく，単に，会計を「金銭欲」あるいは「物欲」の道具としてしか捉えていないからなのではないでしょうか。少なくとも，企業活動が信頼されるためには，その活動の実態を描写する会計に対して信頼性が付与されることが不可欠なのはいうまでもありません。そのためには、個々の会計処理の方法および手続の改善を図るだけではなく、利益数値を中心とする会計数値の信頼性を担保するために実施される監査の有効性を高めることが必要であり、財務報告の信頼性を確保するための内部統制や、より広くコーポレート・ガバナンスの有効性を高めることもまた必要なのです。その意味で、会計をめぐる議論は、監査や内部統制を含めた、まさに三位一体のものでなければならないのです。

また、会計に大きな影響を及ぼす主たる要因が、グローバル化およびＩＴ化であることを考えれば、会計および監査、そして内部統制について一体的に検討する際の視点として、この２つが重要な鍵《キー》概念になることはいうまでもないことです。したがって、これら２つの概念を基底に置きつつ、会計、監査そして内部統制の３つの領域の有機的関連を考慮しながら、それらが有する本源的機能ないし役割について、いま一度、原点に立ち返って考察することが何よりも重要なことであるといえます。

本書は、かかる視点から、会計・監査・内部統制のこれまでの状況を振り返りながら、いまある状況と課題について考察を行っています。加えて、急速に変化しつつある状況の中で、今後、会計はどのような変容を遂げるのか、また、あるべき姿としての会計教育、会計研究および会計プロフェッションについて論じることを目的としています。

本書は、国際会計研究学会、日本監査研究学会および日本内部統制研究学会の会長を務めている３人の会計研究者による鼎談という形式をとっています。それは、常日頃より公私にわたって懇意な関係にあるわれわれ３人が、それぞれの領域について忌憚なく意見交換を行い、会計社会の裾野の拡大を図りたいと願ったからに他なりません。そのため、初学者にも理解できるよう比較的わかりやすい論点を取り上げ、過度に専門的な用語を用いることなく、できるだけ平易な表現を用いるように努めたつもりです。ただ、適切な会計知識の習得にも役立つよう、重要と思われる専門用語や概念については適宜説明を加えるとともに、多くの事例を取り上げることによって読者の関心を惹く工夫を施しています。こうしたわれわれの試みがどの程度達成されているか甚だ心もとないですが、会計の初学者あるいは企業の会計担当者の方々の関心を惹くことができれば望外の喜びとするところです。

なお、本書の原稿処理の段階では、われわれ3名の共通の友人である町田祥弘氏（青山学院大学）に、多大なる支援と協力を得ました。また本書の出版に際しては、１８９６（明治29）年４月３日創業で、本年めでたく創業１２０周年を迎えられた同文舘出版株式会社社長の中島治久氏、および専門書編集部の青柳裕之氏に多大なお力添えをいただきました。ここに記して感謝申し上げる次第です。

２０１６年年３月３日

健全な会計社会の構築を願い、また、
還暦を迎えた仲間の記念碑として

八田　進二
伊豫田隆俊
橋本　尚

目次

第2部　監査のいまを語る

第3部 内部統制のいまを語る

第4部　会計教育の課題とわが国会計社会の発展に向けて

会計のいま、監査のいま、そして内部統制のいま

―日本経済を支える基本課題とは？―

八田進二

伊豫田隆俊

橋本　尚

第1部　会計のいまを語る

本書で取り上げる会計・監査・内部統制という領域は、それらを専門にしている人たちにとっては当然と思っても、一般の人たちには馴染みがなく、技術的で専門性が高く、正しい理解が得られているとはいえないと思います。そこで、私たち3人が会計および監査、そして内部統制の問題についてわかりやすく読み解くような話をしていきたいと思います。

まずは第1部「会計のいまを語る」ということで話をはじめましょう。

会計をめぐる状況の変化
―国際化、情報化、複雑化、高度化、多角化―

橋本
会計学を、学生の頃から勉強して、研究の対象とするようになり、現在では教壇に立っているわけですが、私たちの学生時代といまを比べますと、会計の世界は、国際化、情報化、複雑化、高度化、多角化といったキーワードが並ぶほどに、様変わりとも呼ぶべき大きな変化がみられるように思います。

八田
もう1つのキーワードを入れるとするなら、統一化ないし標準化というのもあるのではないでしょうか。会計のルールないしは基準のあり方を考えることも、最近では特に重要なテーマになっているといえます。

伊豫田
そうですね。国際化には、国際財務報告基準（ＩＦＲＳ）を通じた各国会計基準の国際レベルでの統一化という重要な動きがあって、わが国でも特にＩＦＲＳの国内への導入の是非をめぐっていろいろ議論されてきました。ただ、この国際化の意味は複雑で、いま一つわかりづらい気がします。

橋本

国際化というのは会計の宿命というか、会計固有の特徴だと思います。法律の世界ですと国ごとに違った法律があるわけですが、会計の場合には経済には国境がありませんので、どうしても国際標準が求められます。一方で経済もグローバル化していますので、共通の土俵に立つという意味でも国際化への対応というものが求められるわけです。日本は島国ということもあり、これまでは主として外向きの国際化を念頭に議論がなされてきましたが、現在では**インバウンド**[1]というか、日本の中にいても外国の企業や人々と接する機会が増えてきていることを実感しています。

八田

同じ国際化といっても、われわれ学者の教育・研究面での国際化と実務家の直面する国際化とでは、いくぶん異なるところがあります。われわれは欧米崇拝というか、昔の留学先はアメリカやヨーロッパがほとんどでした。また、大学教育においては、来日する留学生のほとんどはアジア諸国の学生です。これに対して商社マンや会計士は世界中のどこへでも、遠く地球の反対側までも飛んでいきます。

伊豫田

第二外国語もわれわれの頃は、ドイツ語やフランス語を選んでいましたが、いまでは、中国語や韓国語といった近隣諸国の言葉が人気のようで、学生食堂のメニューも国際化しています。

---

(1) インバウンド（inbound）とは、情報などが外から入ってくることを意味するが、一般には、訪日外国人旅行を指して使われることが多い。

橋本　確かに、国際化ということ自体ほとんど意識することがないぐらい馴染んでしまって進んでいますね。そして、近年、こうした国際化と同様に会計の世界に大きなインパクトを与えているのが情報化でしょう。これまでは紙媒体で情報のやりとりをしていたのが、現在では電子媒体によって一瞬にして大量の情報伝達ができてしまいます。

伊豫田　駅の伝言板もポケットベルも過去の産物ですね。

橋本　情報化により、仕事も遊びも一変しました。プロ野球の球団も今ではＩＴ企業が多く名を連ねています。われわれの子どもの頃は鉄道会社や映画会社でしたが……。こうした情報のディスクロージャーの仕方に関連して、昔は**「明瞭性の原則」**(2)という言い方をしていましたが、現在では「適切な開示」という考えが、飛躍的に発展してきています。こうした情報の伝達の仕方が、会計というものにどんな影響を与えてきたか、また、今後どのようになっていくのか、非常に関心があるところです。

八田　そうですね。そうした情報化を支えているのはＩＴ（情報技術）の劇的進展でしょう。特に計算手続ですね。以前はテクニック的なそろばんの腕前とか簿記的技術の処理能力が会計担当者のスキルとして求められていたわけですが、そういった仕事はすべてコンピュ

---

(2)「企業会計原則」第一 一般原則・四には、次のように規定されており、明瞭性の原則と呼ばれている。

「四 企業会計は、財務諸表によつて、利害関係者に対し必要な会計事実を明瞭に表示し、企業の状況に関する判断を誤らせないようにしなければならない。」

ータが瞬時に行ってしまいます。そして、そうした情報の複雑化とか高度化とも相俟って、私たちの想像を絶するようなボリュームの情報量が瞬時に処理され、蓄積されるようになっている。このような状況を踏まえて、会計の役割について議論していく必要があるのでしょうね。

橋本

私の実家は税理士事務所ですが、子どもの頃は減価償却の計算に1週間以上かかっていたようです。コピーも「青焼き」という時代でした。

伊豫田

情報化ということでいえば、その媒体が紙から電子媒体へ変わりつつあるわけですが、こうしたディスクロージャーの問題とは別に、近年では、開示された情報をどのように利用していくかという、利用者サイドの問題が重要だと思います。つまり、開示される情報の量や開示の仕方が変わるだけではなくて、開示された情報をどう読み解いていくかという問題です。

八田

確かに、これまでは情報提供サイドの視点からの議論が中心でしたからね。

伊豫田

かつては、どれだけたくさんの情報を出していくかということが問題であったのに対して、現代のように技術的に情報を大量に作成・公開できるようになってくると、今度は利用者サイドが、それをどう取捨選択して意思決定に結びつけていくかということが重要になってきます。

八田

そのときには、利用者として、どういう範疇の人を考えるかというのがまた大事な問題ではないでしょうか。私たちは「投資家を保護する」とか「一般大衆投資家」とか「パブリック」という言葉をよく使います。これって一体誰なのかと、ということです。あるいは「社会の人々の情報利用に資する」というけれども、これは誰を指すのだろうかと考えますと、会計が橋本さんのいうような高度化や複雑化が増してくると、利用者が一般の人である場合、その理解の域を超えてしまいます。

橋本

利用者が専門的な人々なのかそうではない人々を想定するのか。会計情報の利用者像を考えるとき、情報の発信者と利用者の間に「情報の仲介者」とでもいうべき人々の存在、情報をやさしく読み解いてあげるような、あるいは情報の信頼性を保証するような人々の存在も不可欠になるのではないか、そういった議論も当然関連してくるでしょうね。

伊豫田

おっしゃるとおりです。橋本さんがまとめられて、八田さんも分担執筆しておられる『**利用者指向の国際財務報告**』(3)（同文舘出版、２０１５年）という本がありますが、この本の書評を書かせていただいた際、本書の書名にある「利用者指向」という言葉に私は若干の

(3) 青山学院大学総合研究所叢書。企業側、作成者側の見解が大きく影響していたわが国のIFRS対応のあり方を見直し、財務報告の利用者の観点から、理論的、制度的、実務的に、IFRS導入の意義と課題を明らかにすることを目的として上梓された。

「利用者指向の国際財務報告のフレームワーク」（第１章）や、「利用者から見たIFRS」（第２章）、「会計基準の設定のあり方と適用に関する課題」（第４章）、およびアナリストとCFOへのアンケート調査を行った「IFRSの導入に関する財務報告利用者および作成者の意識のギャップについて」（第９章）等を内容としている。

違和感を覚えました。

橋本

それはどういうことでしょうか。

伊豫田

はい。ご存じのように「利用者指向」という言葉は会計学の世界では枕詞のように簡単に使っていますが、果たしてこの利用者というのは一体誰を指すのかということなんですね。国際化・情報化・複雑化した今日、広く一般の利用者を想定するだけでディスクロージャーの問題をきちんと議論できるのでしょうか。開示された情報を適切に読み解いて一般の人々に提供することのできる仲介者、例えば、それは証券アナリストといった人たちかもしれませんが、「利用者指向」という言葉を用いる場合には、ナイーブな情報利用者ではなく、むしろそうした人たちを中心に位置づける必要があるという気がします。

橋本

ディスクロージャー制度における当事者として利用者を想定する場合、一般的には利用者（投資家やアナリスト）という括りを用いることに違和感はありませんが、きめ細かな議論を展開する上では、利用者の中身を丁寧に区分けしていくことが必要となりますね。また、会計の世界では、「洗練された利用者」を念頭に情報の理解可能性について考えることが一般的です。

八田　確かに、複雑化とか高度化という状況が会計の世界では大きな課題となっているわけですが、ひと昔前ですとやはり**取得原価主義会計**(4)という形で、あるいは適正な**期間損益計算**(5)というものがテーマになっていたのですが、今日では次々に新しい金融商品が開発されたり、のれんなどの無形資産の重要性が高まってくると、会計基準もそれに応じてますます複雑化・高度化してきています。

橋本　われわれの学生の頃は**「企業会計原則」**(6)を1年間かけて勉強すればよかったものが、いまでは会計法規集もかなりのボリュームになっています。また、「企業会計原則」の修正はそれほど頻繁に行われることはありませんでしたが、いまでは企業会計の基準の新設や見直しが絶えず行われています。加えて、ファイナンスの理論とか統計学の手法とか、そういった隣接科学の知識もますます必要とされるようになってきています。昔の四則演算的な会計の世界とは様変わりした感があります。

伊豫田　ところで、先ほど橋本さんが、国際化というのは会計の世界の特徴だとおっしゃいましたが、実は、会計の世界だけでなく法律の世界でも国際化は大きな問題になっていると思います。結局、法律にせよ会計にせよ、おそらく経済もそうなのでしょうが、社会制度の背後に各国独自の文化や歴史が存在する以上、グローバル化の進展に合わせて各国の会計

(4)　資産の取得時の価額を基準として、資産および負債を評価して貸借対照表に計上する会計の考え方。

(5)　損益計算書における適正な期間損益計算を重視する会計は、動態論会計と呼ばれる。

(6)　1949年に、経済安定本部企業会計制度対策調査会が中間報告として公表した、企業会計の原則。1982年の最終改訂のものが、現在も教育現場で取り上げられている。

制度や法制度を国際的なレベルで標準化していくといっても、それは思ったほど簡単ではないということです。

橋本　国際法という領域もあるので、法律の世界も決して国際化と無縁ではないと思うのですが、一般的には日本の大学の学部で最も国際化が遅れているのが法学部だといわれていますね。日本国憲法とか日本の法律を勉強するのに、英語などの語学力が直接必要とされることはほとんどありませんし、諸外国の事例を参考にすることが重要な場合もあるでしょうが、基本的には日本社会における慣習や価値観、国民感情などとの親和性が考慮されるという意味で、会計はやはり法律などとは少し違う面もあるのかなと思います。

八田　社会科学の中での特定の学問領域が、何を対象にしているのかということですよね。例えば法律の場合にはその国に所属する人々の人権や活動を規制することを対象にしているわけですし、海を越えて交易がなされている分については国際的な対応がありますが、まず国家の自治という問題があるから、基本的には法律はその国に根ざしたものだというのが大きいと思います。

橋本　そうですね。翻って会計の対象はやはり経済活動ですから、もうこれは一国の領域で完結するとは誰も考えていないわけであって、特に日本の場合には大きな収入の部分、取引

(7)　ここでは、「国際的な子の奪取の民事面に関する条約」のことを指す。ハーグ国際私法会議において1980年に採択された「ハーグ条約」の１つであり、日本は2013年に批准した。国際結婚をして海外に居住していた日本人が、夫婦間または元夫婦間の合意なく、子どもを日本に連れ帰ってしまう事態に対して、特に欧米諸国から批判を受けて、長く批准が求められていた。

の内容が海外とのやりとりで起きているということから国際化は避けて通れません。経済活動を把握したり描写したりする会計の世界は、必然的に国際性を帯びたものになると思います。

伊豫田

確かに、会計が国際化していくことは間違いないでしょうね。会計を含めた経済的な領域は必然的に標準化されていく傾向がありますが、近年では、法律の世界でも、例えば、民事の世界で「国際間にわたる親族関係」との関連で**ハーグ条約**(7)をめぐる問題がクローズアップされてきています。やはり、国際レベルでの人的・経済的流動性の高まりに応じた世の中の変化に、法律も経済も、もちろん会計もキャッチアップしていく必要があることは間違いないですね。

八田

有名なアメリカの**海外不正支払防止法**(8)などは、域外適用で他国の経済活動に対しても網をかけてくる。イギリスの**贈賄禁止法**(9)も同じような対応をとっています。おっしゃるとおり、経済活動に関しては国際的な垣根を作って議論する時代ではないということははっきりしていますね。

最後に、多角化という点についてはどうでしょうか？

橋本

経営が多角化すると、やはりセグメント会計の問題とか連結会計の問題などが関係して

---

(8) Foreign Corrupt Practices Act of 1977（通称FCPA）. 近年では、外国公務員に対する不正支払に関して、アメリカ企業だけでなく、その取引先に対しても、アメリカの司法省等での同法の適用が行われるようになり、外国企業に対して巨額の罰金が科せられている。

(9) Bribery Act 2010. イギリス版FCPAとも呼べる法律であるが、贈賄側だけでなく収賄側に対しても同様の罰則を設けているという点で、FCPAよりも包括的な規定となっているといわれる。

きます。これまでは単一業種での業務展開だったものが、例えば京セラなどは窯業に分類されるファインセラミックの分野で経営基盤を確立し、1980年代頃から本格的に事業の多角化を推進し、グローバル企業へと発展しました。また、日本たばこ産業も前身の**日本専売公社**(10)の時代はたばこと塩だけを売っていたのが、いまではたばこ事業、医薬事業、加工食品事業などいろいろな領域へと発展してきています。

伊豫田　おっしゃるとおり、企業が新たな収益の機会を求めて多角化していく傾向は今後も続くでしょうね。

橋本　1つの企業や企業集団が特定の業種にとどまることなく、いろいろな業種に展開して幅広く経営を行っていくようになると、多角化・国際化の状況を明らかにするセグメント情報の重要性がますます高まってきます。セグメント情報はセンシティブな情報といわれ、企業側が競争上の優位を保持するために開示を渋っていた時代もありましたが、いまではマネジメント・アプローチによるセグメント情報の開示により、この面での情報の有用性が飛躍的に増大しているといえると思います。

八田　たしかにそうですね。

---

(10)　日本専売公社は、1949年にたばこ・塩・樟脳の専売業務を行ってきた大蔵省専売局を独立して特殊法人として発足したが、1962年に樟脳専売法廃止により樟脳が専売品でなくなり、1985年には日本たばこ産業株式会社にたばこの独占製造権と塩の専売権を継承させて解散した。

会計研究の変遷
―理論と実証、必読書（古典）といわれる文献―

橋本 次に会計研究の変遷について考えていきたいのですが、私たちが学生の頃は、いわゆる文献研究が中心でした。理論研究にしても制度研究にしても社会科学でさまざまな文献を丹念に読んでいくという研究スタイルが中心だったわけです。しかし、1970年代、1980年代頃から会計研究の新たな領域として実証研究が、コンピュータの発展にも支えられて、会計情報と株価との関係など、特にアメリカを中心に盛んに行われるようになりました。

伊豫田 その実証研究のあり方も30年、40年を経てずいぶん変わってきましたね。当時はかなり苦労してデータを集めたり、手計算しながら研究していたのが、いまはデータベースを使って瞬時に大量のデータを利用した研究ができるようになってきました。それとともに、これから会計学の研究者を目指す若い学生たちは、私たちの頃に必読書といわれていた古典に触れる機会がきわめて少なくなってきたのではないでしょうか。昔はすべての研究者が目をとおしておくべき共通の必読書がありました。例えば、**ペイトン＝リトルトン**(11)の文

(11) Paton, W.A. and A.C. Littleton, *An Introduction to Corporate Accounting Standards,* American Accounting Association, 1940.（中島省吾訳『会社会計基準序説』森山書店，1953年。）

献だとか、そういったものがありましたよね。

橋本　最近の若手の研究者の中では、統計学とか財務論の知識がむしろ会計学研究で必要となってきています。そうした知識に根ざした実証研究によって、短期間のうちに博士論文を完成させるという状況になってきているわけです。ペイトン＝リトルトンとか古典書、必読書といったものの翻訳もすでに絶版になっていたり、若手の研究者は限られた時間の中でなかなかそういったところまで目を配れないという状況なのかもしれません。

八田　会計研究もこの30年でだいぶ変わってきたように思います。そういった必読書を読む経験も、時代によって違うのでしょう。ある時代にはペイトン＝リトルトンやアメリカ会計学会の**基礎的会計理論（ASOBAT）**[12]だったものが、**ボール＝ブラウン**[13]とか**ビーバー**[14]の著作へと、世代交代してきたように思えますね。

伊豫田　おっしゃるように、会計研究のあり方が最近本当に変わってきましたね。ほとんど統計学とか数学を用いた議論になっていて、私みたいなアナログ的な人間には、最近のアメリカのトップ・ジャーナルなど、ほとんど読めなくなってきています。

ただ、そうした実証研究の論文を読んで気になるのは、どうも解釈的なところに深みのないものが多い気がするということです。表層的な議論しか行われていないような気がし

(12) American Accounting Association, *A Statement of Basic Accounting Theory,* AAA, 1966.（飯野利夫訳『基礎的会計理論』国元書房，1969年。）

(13) Ball, R. and P. Brown, "An Empirical Evaluation of Accounting Income Numbers," *Journal of Accounting Research* 6-2, Autumn 1968.

(14) Beaver, W. H., "The information content of annual earnings announcements," *Journal of Accounting Research* 6 (Supplement), 1968.

てなりません。その原因は、会計とか監査に関する理解がないまま分析を行っているところにあるような気がします。会計や監査の知識を欠いたまま、単に実証した結果だけを提示しているところに問題があるのではないでしょうか。そういう意味では、私はもう一度原点に戻るというか、基本的なところをしっかり押さえることが何より重要だと思います。つまり、会計とは何なのか、監査とは何なのかというところを、古典をしっかり押さえながら、学んでいってほしいということです。

八田　大学院時代に、忘れもしない言葉として、指導教授が、「会計のことは会計に聞け」とおっしゃった。餅は餅屋だと。つまり、専門的な領域の議論をしているときに、その領域に身を置く者が当然に具備していなければならない基礎的な知識、あるいは応用的な知識をもっていなければ、やはり浅薄な議論になってしまうということだと思います。そういうふうに考えると、例えば会計の議論をしていくときに、まず最低でも簿記的な知識が必要でしょう。それは計算などの速さを要求されるような技能ではなくてもいい。ただ逆に、複式簿記の原理さえも知らずに、あるいは貸借対照表、損益計算書の中身についての基本的な理解ができていないまま会計の議論をしても、それは表面的な議論であって説得力をもちませんから。

橋本　おっしゃるように、研究の状況が大きく変わってきていることを最近、非常に感じますね。私の指導教授の故染谷恭次郎先生は、「会計の論文では、自らの主張を具体的な仕訳の形で示すことができなければならない。」といわれていました。特に1970年代から80年代に若い頃を過ごした者からみると、最近の若手研究者は、当然読んでいなければならないと思われるような名著、定本と呼ばれるような書物にも原書はおろか翻訳書にすら触れていない。したがって、そういう知見の継承がなされてきていない。

伊豫田　「経験の蒸留」[15]といった名言も、いまではすっかり死語になっているといえるでしょうね。若い人たちの研究成果を読んだり聞いたりしても、「会計の香り」のようなものがしない気がします。これは会計研究にとっては屋台骨を揺るがすような由々しき状況なのではないでしょうか。

八田　なぜそうなっているのかというと、私は2つ理由があると思っています。1つは、私たちを取り巻く環境要因として、技術的な領域において、私たちの時代のコンピュータと比べてより高度なＩＴの時代になり、それがすさまじいレベルで発展してきており、それを駆使した研究に大いに依存してきているということ。もう1つは、やはりこれまでの規範的な、論理的な研究はある程度行きつくところまで行ってしまっており、研究面において何かサムシング・オリジナルを表明しないと、アメリカの若い研究者の場合には学位論文が完成できないという状況にあって、実証研究といった方に走っているのではないかとい

(15)　アメリカの会計原則制定に主要な役割を担った会計実務家のG.Oメイ（George Oliver May）の著書*Financial Accounting - A Distillation of Experience*, 1943（木村重義訳『G.O.メイ　財務会計―経験の蒸留―』同文舘、1960年）で用いられており、その後の会計本質観に大きな影響を与えた。

うことです。

日本の場合、会計のみならずあらゆる領域において、アメリカの流れに追随するという、避けて通れない状況があるために、アメリカで主流になっているものは日本でも追いかけようという傾向が多分にみえます。

伊豫田 そのアメリカ追随というのは、単に会計学だけの話はなくて、経済学でも同じです。

八田 まあ、そうでしょうね。

橋本 学会での研究報告においても、そうした傾向が強くみられますからね。

伊豫田 アメリカでは、特に第2次大戦後、経済学が実証経済学的アプローチあるいは数理経済学的アプローチへとシフトしていきます。それに追随する形で、わが国の経済学も実証的・数理的アプローチを採用していきました。こうして経済学は「社会科学の女王」と呼ばれる地位を獲得することになります。この20数年来、アメリカのみならず、わが国の会計学研究が経済学研究と同じ流れに追随していることは間違いないですね。ただ、会計学研究にとって何より重要なのは、やはり先人の知的遺産を「継承」することだと思います。経済学では、**アダム・スミス**(16)や**ケインズ**(17)はいまでもよく引用されていますし、会計学でも、

(16) Smith, Adam, *An Inquiry into the Nature and Causes of the Wealth of Nations*, 1776.『国富論』または『諸国民の富の性質と原因の研究』。

(17) Keynes, J.M., *The General Theory of Employment, Interest and Money*, 1936.『雇用・利子および貨幣の一般理論』。

彼らと同じ時代に活躍したペイトン＝リトルトンやシュマーレンバッハ(18)が当然受け継がれていくべき優れた研究であることは間違いありません。こうした研究成果を継承しない会計学研究は、浮ついた、地に足の着いていない研究というイメージがありますね。

橋本　誰しも、学生時代に読んだ、会計とか監査の道に入るきっかけとなったというか、あるいはいまでも大きな影響を受けているような本があるかと思います。かつて『**会計を学ぶ私の一冊**』(19)（白桃書房、２００３年）という出版企画に参加させていただいたことがありまして、そのときも古典といわれる本をみんなで1冊ずつあげたわけですが、良書との出合いもこれから会計学を目指す人にとっては、研究者としての厚みをもつためにも必要なのではないかと思います。

(18)　Schmalenbach, E., *Dynamische Bilanz,* 1919.（土岐政蔵『動的貸借対照表論』森山書店、1956年。）

(19)　藤田幸男編著。研究者にとって良き書物との出会いは大切であるが、出会った書物をよく読み、研究の糧とすることはもっと大切なことであるというコンセプトの下、23人の研究者が、研究の成果と出会った書物を中心に成果を生み出す研究の過程をまとめた論文集。

会計学の問題意識—連続と変化・温故知新—

橋本

ところで、会計学の問題意識ということですが、ここでも「連続と変化」という観点で捉えたいと思います。例えば、財務会計基準審議会（ＦＡＳＢ）というアメリカの会計基準の設定機関が１９７３年にできるわけですが、その創設時の大きなテーマは、概念フレームワークの問題と、リースの問題といわれていました。その後、40年を過ぎましたが、いまでも会計の問題としてやはり概念フレームワークが問題になっていますし、ＩＦＲＳでもリース会計基準の見直しが進められています。より質の高い会計基準を目指して何十年もの間、同じような問題が繰り返し議論されてきている面もあります。

八田

ただ、その中でもパラダイムの転換があって、新しい問題として、あるいは、新たな切り口から検討されるようになってきています。例えば、先ほどからあがっているペイトン＝リトルトンの『会社会計基準序説』の中には、現在のＩＦＲＳの重要なテーマとなっている「クリーン・サープラス」という言葉がすでに使われています。やはり社会科学の領域では、歴史に学ぶというか「温故知新」という観点からも古典に触れることが非常に重要であると思います。

この辺の会計学の問題意識について、どんな印象をおもちですか。

伊豫田

おそらく、どの学問領域においても、いま橋本さんがおっしゃったような「議論がめぐる」という傾向はあると思います。会計にしても、歴史的にみれば、当初その主要な関心事は資産の評価にあったのであり、それがゴーイング・コンサーンとしての企業の登場ということで、期間損益計算のもとでの原価配分が会計の主たる課題になりました。例えば、私たちが若い頃に学んだペイトン＝リトルトンにしても、あるいはシュマーレンバッハにしても、期間配分・原価配分の問題がメインテーマであったわけです。ところが、現在では、企業の経済的実態を反映するという目的のもとで、資産負債アプローチに基づく公正価値評価、つまりまた資産評価に会計の重点が移ってきました。そういう意味では、経済学にせよ会計学にせよ、同じことを繰り返しながらいまに至っているといえるでしょうね。

橋本

だからこそ、昔はどうだったのかということについての古典的な研究が必要だということが、ここでもいえるわけです。これこそ、まさに温故知新、歴史に学ぶということなのでしょうね。

八田

結局、物事を考えていくときに、いまの考え方で十分に対応できないとか、あるいはそれによって何か問題が生じた場合に、振り子が逆に振れる場合があります。しかし、振れ幅が大きすぎると、また元に戻さなければならない。そういう行ったり来たりがやはり人間社会の多くの部分でみられる現象ですね。その意味でいえば、先ほど話に出た資産評価の問題や期間損益計算の問題というのが、時とともにどちらかが主となったり、または従となったり、あるいは考え方が対立する形となるけれども、両方とも重要だということはずっと変わっていないわけです。ただそれのどちらに光を当てて強調するかによって理論展開が異なるのだと思います。

伊豫田 それが社会科学の特徴でもあるのでしょうね。その点については、経済学は非常に興味深くて、例えば、1960年代までは、いわゆるケインズ経済学が花盛りでしたが、その後、1970年代のスタグフレーションを経てケインズ経済学の限界が指摘されはじめると、今度はマネタリストの理論一色になってしまいます。まさに、針が真逆に振れるんですね。

八田 確かにそのとおりですね。

伊豫田 さらに面白いのは、ノーベル経済学賞についてみれば、ケインジアンの代表者である**サミュエルソン**(20)がノーベル賞を受賞している一方で、彼とは真逆の立場をとるマネタリストの総帥である**フリードマン**(21)もノーベル賞を受賞しています。まったく主張の異なる学者が

---

(20) 【Samuelson, P.A.（1915年-2009年）】わが国では、ハーバード大学で同窓であった経済学者の都留重人の訳書『経済学—入門的分析（上・下)』（岩波書店、1966年）により、広くサミュエルソン経済学ということで親しまれてきた。

(21) 【Friedman, M.（1912年-2006年)】シカゴ大学でフリードマンの同僚だった経済学者の宇沢弘文は「市場万能思想を信仰する経済的自由放任主義者で、アメリカ経済学を歪めた。真に受けて起きたのが2008年のリーマン危機である」と批判している。

ともにノーベル賞を受賞しているのです。ここに社会科学の特徴というか、度量の広さがあるような気がしますね（笑）。こうした状況だからこそ、社会科学においては「歴史に学ぶ」ということの重要性が指摘されるのでしょうね。

橋本　まったく同感です。

八田　社会科学はつまるところ考え方の問題ですからね。そしてそれは、実際に制度として反映されていくときに、やはり時が経つと制度疲労を起こすかもしれないということもあって、絶対にそれでなくてはいけないということではないと思うわけです。と同時に、その制度を支えている社会の仕組みが、あるいは社会の構成員である人々の考え方が変わりますから、時とともに見直しが必要になるということです。だから社会科学も制度の議論もそうですが、一度だけの議論で絶対的な制度が成立するということはなくて、常にそれを継続的に監視しながら、または欠けているのがどこかをみながら、継続的な検証をしていくことが必要です。それは社会科学の必然的な性格でしょうね。

会計原則・会計基準の役割

橋本

次に、会計原則とか会計基準の社会的役割についても、やはり経済活動の変化や新たな取引や経済事象の出現の影響を受けて、いわば後追いの形で会計基準が整備されてきたという面がありますので、ムービング・ターゲットといわれるように絶えず見直しを続けていく必要がありますので、その意味では会計のルールというか企業会計の基準というものは永遠に完成することがないともいえると思います。現在では、会計基準がかなり膨大なものになってきておりますし、またそういった中でも、ルール・ベース（細則主義）からプリンシプル・ベース（原則主義）に発想を転換していこう、そういった潮流もありまして、なかなかこの辺の問題も会計規範の形成のあり方を考える場合、難しい問題を抱えていると思います。

八田

このテーマでいくと、1970年代初頭までは、やはり会計原則と会計基準は峻別しなくてはいけないという議論があったわけです。Principlesとしての原則と、Standardsとしての基準は、異なる概念だということです。ところが現在、会計の世界においては、特にPrinciplesという言葉は出てきません。国際会計「基準」であり、先ほどのFASBも

「財務会計基準書」（ＳＦＡＳ）とか「会計基準コード化体系」（ＡＳＣ）と、どちらもStandardsを使っています。やはり「原則」というのは理念的あるいは普遍的というか、広く汎用性をもった抽象的な概念であろうし、それに対して「基準」というのはもっと個別的・具体的ないしは特殊的な概念であり、規範性が高いものであると思われます。

伊豫田

アメリカで１９７３年にＦＡＳＢが設立された折、時を同じくしてロンドンで国際会計基準委員会（ＩＡＳＣ）が設立されましたが、会計のルールについては、ともに「基準」という用語を使っています。このときの経緯を思い起こすと、もともと「基準」は「原則」から派生してできた個別の具体的なルールだけれども、次第に内容が複雑になってきたために、必ずしも基準のすべてが原則から派生して生まれるのではなくて、基準の中にも原則的な考え方を含まなければならなくなったわけです。そうなると両者を区別するのは難しいということで、「基準」という用語が用いられるようになったんですね。

八田

そのとおりですね。ただ、翻って日本は１９４９（昭和24）年の「企業会計原則」という形で、これが法律でいうならば日本国憲法のように、バイブルであるかのようにずっと継承されてきている。現在それを口にする人はあまりいませんし、実際には１９８２（昭和57）年に最終改訂がなされたままになっていますが、でもあれはまだ生きているわけです。しかし、現在の日本の会計のルールは、すべて「基準」という形で公表されています。

橋本　日本の中では原則と基準のどちらを用いるかということはあまり意識されてきませんでした。欧米では時代とともに、会計基準が最近では財務報告基準になったりしていますし、監査の世界や会計教育の世界では、昔はガイドラインだったものが基準化していくというような流れもあるので、やはり規制強化といいますか、規範性を高める方向にシフトしている面はあると思います。また、会計の世界では、原理・原則といった理論的バックグラウンドがしっかりしているという意味内容では必ずしもなくて、そのときどき、時代時代における合意形成の結果という意味合いが強いので、仰々しい原則という用語よりは基準という言葉が好まれて使われるようになった。そのあたりは世界共通の会計の特徴的な制度対応の1つかもしれませんね。

八田　わが国の場合、かつては「基準」といった細かいルール的なものはなかったということもあり、ある程度会計の原則的な考え方を知った上で、それをベースに判断すれば、そこの結論、あるいは解決策は見いだせるだろうということで、会計担当者の方たちは実地でトレーニングしながら、自分で考えたと思うんですね。ところがそれらが全部基準という形で、どんどん詳細化の道をたどり、ボリュームアップしてきている。そうなってくると、会計担当者が自分の頭で考えなくなってきているのではないかとの見方もあります。逆に一般の人からみれば、会計というのは「あまり面白くなさそうだな」と思わせている理由の1つは、そこにもあるのではないかと思いますね。

伊豫田

ＦＡＳＢが設立される以前、アメリカの会計基準設定主体は会計原則審議会（ＡＰＢ）でしたね。名称からも明らかなように、「原則審議会」から「基準審議会」へと変わっています。ここで大事なことは、組織の名称が変わったというだけでなく、基準の設定プロセスが大きく変わったことです。つまり、それまでのようにアメリカ公認会計士協会という会計プロフェッションが基準を設定するのではなく、会計に関わるさまざまな利害関係者団体の代表が議論を重ねながら基準を設定するという形になった。合意形成を得ながら基準を設定するという、いわゆるデュー・プロセスが採用されたわけです。

橋本

まさに民主主義の意思決定ルールが会計の領域にも導入されたということですよね。

伊豫田

そもそもルールというのは、ある特定の集団にとっては有利になるが、別の集団にとっては不利になるという場合があります。ルールを改正しようとすると必ず反対意見が出てきますが、では反対しているのは誰かといえば、いうまでもなく現行のルールで得をしている人たちです。つまり、ルールを変えることによって利害得失が変わる。だからこそ基準設定においてはいろいろな人が関与すべきだという話になるわけです。そういう意味で、基準設定主体がＡＰＢからＦＡＳＢに変わったというのは、非常にエポックメイキングだと思います。というのも、結果として、会計基準の変更が非常に政治的な色彩を帯びてくるからです。今後、会計がいろいろな局面で政治的に利用されていくという、そういう事例が出てくる気がしますが、この点については、八田さん、どうでしょうか。

八田

実際にFASBの基準書づくりの中で、会計基準が政治の力で歪められたという歴史はちゃんとありますからね。FASBが創設されたときには、逆に会計基準設定主体の「政治からの独立性」を標榜するとともに、従来のアメリカ公認会計士協会の会計士サイドだけで作るのではなくて、もっと広く利用者・利害関係者を踏まえた公益代表者を入れて作るべきだという観点が強調されたということです。当時はそれほど政治の力を強く意識していたわけではなかったのでしょうが、その後、その基準設定母体に対して政治が圧力を与えはじめたというのは皮肉なことですね。

よくいわれるようにアメリカは政治と経済の双方からの独立性を重視して、公正な会計基準を透明性ある形で設定していることの証として、FASB本部事務局が置かれている拠点がコネチカット州のノーウォークにあるのです。これは地理的に、政治の中心地であるワシントンDCからも、また、経済の中心地であるマンハッタンからも等距離にあって三角形の頂点に位置しているというくらい、彼らは独立性を意識している。逆に意識しているということは、伊豫田さんがご指摘のような懸念があったのかもしれませんね。

伊豫田　常にそういう圧迫感というか、圧力があり得るということでしょうね。

橋本　会計の政治化として捉えられる現象ですね。会計基準設定の場は、近年、パワー・ポリティックスの研究対象ともなっています。ストック・オプションの会計基準をめぐる問題など、いろいろなところでアメリカの場合にはロビイング活動を受けて政治家、国会議員が時に会計規制や会計基準のあり方に横やりを入れてくることがあります。そこでアメリカでは規制当局である証券取引委員会（ＳＥＣ）が楯になって、会計プロフェッションと一緒に会計の中立性・公平性を守ってきました。もともと連邦証券諸法においてＳＥＣに会計原則（会計基準）の設定権限が付与されたわけですが、ＳＥＣはそれを自ら行使することはせずに、会計プロフェッションの手に委ね、自らはそれに「実質的に権威ある支持」を与えることで規範性を付与することに徹してきました。ＳＥＣは会計プロフェッションを中心とするプライベート・セクターの手による基準設定にお墨付きを与えるという伝統を守ろうとしてきたところがあります。こうして、アメリカにおいては、会計プロフェッションのイニシアティブの下に会計規範の形成が進められてきました。

そうはいってもやはり会計は経済社会の重要なインフラですので、かつては会計手続とか監査手続といっていた時代から、会計原則、そして現在では会計基準という形で用語法も、その体系や内容も大きく変わりました。

戦後企業会計史―会計制度の発展―

橋本　こういったところは日本の戦後の企業会計の歴史をみても、同じような道筋をたどっておりまして、もともと日本では「企業会計原則」は**企業会計審議会**(22)というパブリック・セクターの手により作られてきたわけですが、これも21世紀になって、現在の**企業会計基準委員会**(23)というプライベート・セクターに移行しています。これは、国際的な会計基準の設定のあり方、設定主体のあり方をめぐる議論を反映した結果だったわけです。

「企業会計原則」自体も、戦後の日本における会計実務は、さほど成熟したものではなかったわけで、当時としてはかなりレベルの高いものを導入したという意識があるかと思います。

八田　確かに１９４９（昭和24）年制定の企業会計原則の前文には、「実務の中から慣習として発達したものを帰納要約した」と書かれています。しかし、実際に戦後のわが国にそんな成熟した会計の実務はないわけです。だからあれは当時の有識者ないしは設定に深く関与した方々が、会計原則の理想的な姿を念頭に書き込んだのでしょうね。そういう意味では、皮肉にも、あの文章はいまでも何となく通用するような議論かなという気はします。

---

(22)　金融庁長官の諮問機関。現在は、この企業会計審議会の中に会計部会、監査部会、内部統制部会の３部会が置かれている。

(23)　2001年に設立された日本の会計基準設定主体。公益財団法人財務会計基準機構の内部組織である。

ただやはり背景が大きく変わってきているので、会計のルール・基準に対する見方もだいぶ変わったと思います。

橋本　最近は日本でも会計にものを言う政治家がでてきていますしね。

八田　先ほども話しに出ましたが、会計の基準がなぜ政治の影響を受けるのかというと、寄付金や協賛金などの献金をして政治家たちを支えている団体の意向を汲みたいと思う政治家は多いはずです。そうすると自分たちを支えている企業や団体にとって不利益を被るような基準ではなかなか受け入れ難いと考えるのは自然なのかもしれません。先ほどの伊豫田さんの話のとおり、基準というものは、誰かにとって有利でも、他の誰かにとっては不利になるかもしれない。あるいはそれを変更することによって誰かが不利益を被り、不満をもつことになる。それでは困るということで、それを代弁する形で議論するわけです。

伊豫田　会計基準は必ずしも中立的なものではないですからね。

八田　例えばアメリカでストック・オプションの会計基準の設定が議論された当初、ＩＰＯ（新規公開）企業にとってこのストック・オプションの制度は経営を安定化するために都合がよい。いま費用負担しなくても、将来の株価の上昇によって関係者に対して報酬を還元できる。したがって、これは利益処分として処理するべきであり、その都度、費用計上して、当期利益の減少に影響を及ぼすような会計処理をするのはイヤだと、大反対に遭いました。その後、費用計上するように修正されますが、最初は利益処分の方法を認めてしまいます。ただ、アメリカでの市場の番人である**証券取引委員会（SEC）**[24]の当時の委員長であった**アーサー・レビット**[25]が退任後に書いた自叙伝『ウォール街の大罪』の中で「唯一自分が悔いるのは、政治の力に負けてあれを利益処分として処理することを容認してしまったことだ。」と述懐しています。日本の関係者はあまり意識していないかもしれないですが、会計基準というのは、それくらいに企業経営とか企業活動を描写する物差しとしてきわめて大きな影響力をもっているということです。これもある面で重要な視点ですね。

伊豫田

いまのご指摘は非常に重要だと思います。会計基準は単に企業の活動をそのまま描写するためのルールではなく、そのあり方いかんによって企業の実態や行動そのものが変わってくる可能性があるということですね。例えば、野球のストライクゾーンを低めにするか高めにするか、ルールを少し変えることによって、実は、チームの戦略や戦術が変わってくるんです。あるいはチームの補強方法も変わってくる。

八田

そのとおりですね。

---

(24) 証券取引委員会（SEC）は1934年証券取引所法に基づき設立された独立準司法的行政機関で、アメリカにおける証券取引にかかる監督機関である。

(25) 【Levitt, Jr. Arthur】クリントン大統領の下で、SEC委員長を任命され、歴代最長期間（1993年-2001年）を務めた。

橋本

ルールを作る立場に関与できるか、自分に有利なルールを作ることから試合が始まっているのですね。

伊豫田

ルールを変えることによって企業の行動や実態が変わってくるという点が、私は一番重要なことだと思っています。基準は単なる形式的なものではないということです。

八田

ちょっと飛躍する話ですが、オリンピックで日本の国技といわれた柔道が正式種目となったときに、引き分けを少なくして、制限時間内に勝敗をつけるためにポイント制が導入されることになりました。そのため、「一本」とか「技あり」ではなく、加点方式での点数制になってしまい、勇ましい武道としての醍醐味がなくなってしまいました。それにより、日本人の柔道家がダメになったともいわれています。おっしゃるとおり、ルールが変更されると実態や行動パターンそのものを大きく変えることになりますから、その意味合いは大きいですね。

橋本

他のスポーツでも試合時間がテレビ放映の影響で短くなったり、時差の関係で早朝や深夜に国際大会が開催されることも多くなってきました。スポーツの世界でも国際対応や利用者ともいうべき視聴者を意識してわかりやすいように青い柔道着などが登場したりする一方で、自国の選手に有利なようにルールを変更しようとする動きなどがみられるようですね。

伊豫田

そういう意味で、会計基準の存在は非常に大きいですし、その会計基準が国際化していくということも、非常に大きな意味合いをもっていると思いますね。

橋本

いわゆるパワー・ポリティックスという側面も会計の世界には多分にありますし、それはグローバル企業の業績や競争力などさまざまな指標にも大きな影響を及ぼします。理論的な根拠によってある会計処理が支持される場合もありますが、多くの場合はある会計方針の妥当性についての合意が図られるだけのことです。例えば日本の税金の世界では、年間給料103万円を境目にしてパートタイム労働者がそれ以上働くことをやめてしまうように、ルールの定め方が人間の行動にも影響してきます。政治家としてはそれだけに基準設定に関わりたいという、あるいは自分の意向を通したいという力が働きがちでしょうね。それに伴って、会計基準設定機関の独立性とかメンバー構成、ガバナンスやデュー・プロセスが問われるようになってきました。

八田

現在でも大手企業において、会計の基準として一番論争が激しいのは、例の「のれんの償却」の議論ですね。結局、M&Aとか買収を前提に企業活動を活性化ないしは拡大したいと思っている人からみるならば、その買収に関わった巨額のコストを支出した年度から早速に定額償却しなくてはいけないとなると、それだけで、大変な負担になってくる。当該年度の損益計算書が傷つくというのです。そうすると、償却しないで資産計上できるというIFRSの会計処理は、M&Aを積極的に行う企業にとっては魅力的なものになる。将来の減損の可能性はあるにしても、当面の間は費用負担が軽減されますから。だから大きな影響力をもつ会計のルールの議論に対しては、もっと多くの人の監視の目が必要だと思いますね。

橋本

経営者の裁量の余地が増える面もありますしね。

伊豫田

先ほどM&Aという言葉が出てきましたが、実は、M&Aという経営戦略自体はきわめてアメリカ的なものです。ご存じのように、1980年代以降、アメリカではいろいろな財務上のテクニックを用いてM&Aが盛んに行われました。これに対して、わが国の企業は、モノ作りが主体の世界で、コツコツとモノを作っていくという面が強く、アメリカのように、会社の所有者である株主利益の最大化のために、M&Aを用いて企業そのものを売買の対象にするといった考えはあまりない。むしろ、会社は誰のものかと問われたときに、会社は株主のものではなく、従業員のものだというメンタリティがあるくらいです。したがって日本では、M&Aに対して抵抗のある企業文化風土があると思います。

橋本

確かに、企業買収を試みる経営者は、「乗っとり屋」などと呼ばれて評判が大変悪かった（笑）。

伊豫田

そういう意味で、国際化の流れの中で、いわゆるアングロサクソン的な企業経営手法が入ってきて、しかもそれが次第に影響力をもつようになってくると、当然、基準設定をめぐる軋轢というか、せめぎ合いはものすごく激しくなってくると思いますね。国際化が進めば進むほど、こうした基準設定をめぐる相克が大きくなっていくでしょうね。

八田

特に合併の場合には自社株をつり上げることで有利な条件を提示することが可能になります。普通は大が小を呑むというのが一般的ですが、決してそうではなく、新参の小さな企業であっても、歴史のある大企業を呑むことは十分にできる。それは自社株を法外につり上げることによって可能になってきます。特に20世紀末の90年代にアメリカにおいて行き過ぎた株価市場主義によって引き起こされた不正会計の事案が、エンロン社でありワールドコム社の不正だといわれます。

翻って、日本はあまりそういう手法は好まれない。というか、これまでは、そういう意識がほとんどなかったのです。ただ、日本企業の稼ぐ力を高めるといったアベノミクスの考え方の中には、他との競争力を保つためにもM＆Aを行うべきではないかという議論も出てきています。そういう意味で企業価値を高めるため、株価を上げるためにはどうあるべきか。そのためにはROE[26]を上げなさいなどといろいろな議論も出てきているというのが、現在の状況です。

伊豫田　おっしゃるとおりですね。

(26)　Return On Equityの略称で、「自己資本利益率」と訳され、企業の自己資本（株主資本）に対する当期純利益の割合をいう。

簿記検定試験の功罪

橋本

アメリカでは特に大学での会計教育において簿記のウェイトはあまり大きくないのですが、日本の会計関連の学科目、会計教育の世界では、簿記教育が非常に重視される状況があります。経済学部や経営学部、商学部の会計以外の教員に聞いても、会計関連科目の中では簿記が重要であるという意識が強い方が多いように感じます。日本商工会議所は、1954（昭和29）年に第1回の簿記検定試験を実施して今日に至っています。そのため、その出題範囲や出題内容というのが、長年にわたって商業高校とかその先の大学や専門学校における簿記教育に大きな影響を与えてきました。こうした影響には良い面も悪い面もありまして、特に教育内容が簿記検定試験に合格することを目指すよう特化されている部分もあるし、そのため、出題されない論点は飛ばされたりして、それがかえって簿記や会計の魅力を阻害するものとなったり、実務とはかけ離れた検定試験受験のためだけの勉強と化してしまいます。逆にそれが好きになればさらに上の級を目指して勉強を続ける動機づけとなり、簿記から会計へと進んでいこう、会計プロフェッショナルの道を目指そうということにつながります。

伊豫田

しかし、その簿記検定試験もかつてのように受験生が集まらず、［図表1］のように、最近はかなり伸び悩んでいます。会計士や税理士試験の志願者についても同様ですが、プロフェッションの裾野をなす、予備軍としての簿記検定試験の受験者がかなり減っているのが現状です。文部科学省の学習指導要領でカバーされていない論点が日本商工会議所の出題範囲に入っていることで、商業高校側が授業時間の中で対応しきれないという面もあるようですが、近年の会計離れは非常に由々しき問題です。

八田

たしかに、日本商工会議所の簿記検定試験は、会計帳簿の記入を正しく行うといった、作成者の立場に立った記帳能力養成の試験のため、その役割が低下してきたことが一番の原因でしょうね。ただ、ちょうど10年程前に大阪商工会議所が主催して開始した**「ビジネス会計検定試験®」**(27)は、会計情報の利用者に必要な知識の修得を目指したもので、徐々に受験生も増えてきているようです。

橋本

なるほど、そういったこともあって今年2015年は簿記検定試験の出題内容をかなり大幅に見直す方向で日本商工会議所が準備作業を行っていますが、われわれも実学としての会計や簿記を考える際に見直す必要があるかもしれません。検定試験は、実務において行われている内容と乖離している面もありまして、今回は大きな見直しが行われています。

---

(27) 財務諸表の作成プロセスを主な範囲とする簿記検定試験に対し、ビジネス会計検定試験®は、財務諸表（決算書）に関する知識や分析力（会計リテラシー）を問うもので、財務諸表が表す数値を理解し、ビジネスに役立てていくことに重点が置かれている。

[図表1]「日商簿記検定試験」実受験者数と合格率の推移（2016年1月8日現在）

級	3級		2級		1級	
回	実受験者数	合格率	実受験者数	合格率	実受験者数	合格率
141（H27.11.15）	84,708名	26.10%	59,801名	11.80%	9,087名	9.60%
140（H27.6.14）	79,467名	52.70%	47,480名	34.50%	8,108名	8.80%
139（H27.2.22）	79,460名	54.10%	55,225名	21.80%	—	—
138（H26.11.16）	86,659名	38.50%	54,188名	26.40%	9,931名	8.80%
137（H26.6.8）	78,726名	48.00%	40,330名	34.60%	8,738名	9.70%
136（H26.2.23）	75,049名	40.90%	55,960名	41.60%	—	—
135（H25.11.17）	93,781名	48.00%	60,377名	22.50%	11,037名	10.40%
134（H25.6.9）	85,585名	33.90%	42,703名	13.90%	10,143名	9.70%
133（H25.2.24）	84,846名	39.50%	57,898名	47.60%	—	—
132（H24.11.18）	95,847名	31.90%	61,796名	22.90%	13,146名	12.90%
131（H24.6.10）	83,409名	41.10%	48,341名	30.70%	11,960名	12.20%
130（H24.2.26）	80,887名	49.10%	53,404名	31.50%	—	—
129（H23.11.20）	105,106名	49.80%	64,052名	44.50%	14,731名	13.00%
128（H23.6.12）	93,091名	36.60%	52,546名	34.80%	13,160名	10.40%
127（H23.2.27）	91,077名	30.70%	66,838名	32.40%	—	—
126（H22.11.21）	117,180名	44.50%	69,100名	21.50%	17,027名	13.30%
125（H22.6.13）	113,269名	27.90%	67,337名	40.00%	15,367名	8.70%
124（H22.2.28）	95,092名	18.80%	66,330名	12.40%	—	—
123（H21.11.15）	108,429名	49.60%	74,371名	38.40%	16,568名	9.20%
122（H21.6.14）	107,000名	41.20%	57,616名	25.50%	14,399名	10.20%
121（H21.2.22）	93,453名	56.50%	60,475名	43.10%	—	—
120（H20.11.16）	103,333名	40.20%	61,662名	29.60%	15,889名	9.30%
119（H20.6.8）	91,522名	29.50%	50,573名	31.30%	13,043名	8.50%
118（H20.2.24）	83,112名	38.20%	57,812名	29.40%	—	—
117（H19.11.18）	95,925名	31.20%	60,887名	20.70%	15,913名	9.90%
116（H19.6.10）	85,872名	42.50%	44,242名	29.20%	13,345名	13.60%
115（H19.2.25）	74,059名	35.20%	52,104名	42.50%	—	—
114（H18.11.19）	93,890名	45.20%	59,212名	31.80%	15,338名	3.50%
113（H18.6.11）	78,640名	35.00%	45,293名	30.40%	12,838名	13.90%
112（H18.2.26）	80,570名	46.40%	48,273名	24.20%	—	—
111（H17.11.20）	89,482名	21.90%	55,876名	33.20%	16,609名	9.40%
110（H17.6.12）	79,825名	58.30%	39,859名	40.80%	13,703名	10.20%
109（H17.2.27）	70,262名	31.80%	42,928名	27.50%	—	—
108（H16.11.21）	94,581名	42.70%	59,904名	46.90%	16,705名	10.30%
107（H16.6.13）	79,163名	13.70%	43,540名	5.70%	14,481名	10.40%
106（H16.2.22）	72,277名	49.50%	49,051名	38.60%	—	—
105（H15.11.16）	90,469名	40.90%	58,852名	29.90%	17,937名	10.90%
104（H15.6.8）	84,309名	30.00%	48,785名	22.50%	14,801名	11.20%
103（H15.2.23）	72,508名	27.80%	49,777名	23.20%	—	—
102（H14.11.17）	85,612名	32.50%	59,213名	31.00%	17,614名	9.50%
101（H14.6.9）	77,664名	54.00%	46,842名	33.10%	13,672名	11.20%

出所：日本商工会議所ウェブサイト（http://www.kentei.ne.jp/bookkeeping/candidate-data）より。

例えば本支店会計で未達事項というのがありますが、いまの時代にこの未達ということはあり得ないと。連絡手段も多岐にわたっており迅速に行われますからね。にもかかわらず、いまでも未達事項の処理などが本支店会計の出題の中心となっています。あるいは、実務では連結とかリースの会計というのが中小企業といえども避けられない現実があるけれども、それが1級の範囲になっていたりするわけです。その辺りの整理がなされて大きな見直しが進んでいますが、こういった簿記検定試験のもつ日本の会計・簿記教育のメリット・デメリットについてどうみておられますか。

伊豫田

メリット・デメリットというより、やはり現状をどう評価するかということですよね。私も大学で簿記3級レベルの「初級簿記」を担当していますが、基本的には仕訳を教えたり、各種帳簿の記帳方法、あるいは出金伝票・入金伝票・振替伝票の起票の仕方等々を教えるわけですが、では実際に実務において講義で習ったような処理をしているかというとまったくそんなことはないわけで、橋本さんのご指摘のように、現場での実務との乖離が非常に大きいわけです。現在では、中小企業ですらパソコンを使って簡単に経理処理をしているわけですから、大学で教えている内容が実態とあまりにも乖離しているのは確かだと思います。

大事なことは、簿記の考え方をしっかり身につけるということでしょうが、実際に教えながら、常にそうしたギャップを感じていますね。

八田

いまの話にも関係しますが、私自身、歴史ある日本商工会議所の簿記検定試験は、それなりの役割を果たしてきたものの、一方において、会計教育の向上という面での問題も生じさせてきていると思っています。つまり、一言でいうと、この検定試験の功罪を考える上で、功の部分は、おそらく世界に例のない程に非常に裾野広く簿記人口を増やしたということがある。罪の部分は、そのことによって本当の意味で会計に魅力を感じ、会計の考え方を身につける人が減ってしまったことにある。これは中身の問題もありますが、簿記検定試験がスタートした時代は、まず会計や簿記に目を向けてもらって健全な経済社会の一翼を担う者の育成ということが目標にあったのではないでしょうか。しかし、すでに20〜30年前から時代は大きく変わって、いわゆる手作業による記帳をベースとした簿記会計システムを採用する企業などないわけです。いまは一般の個人商店であっても数千円程度の汎用会計ソフトを使えばパソコンレベルで会計処理は全部できてしまう。記帳という自分の手で記入するという簿記作業はなくなっているわけです。にもかかわらず今回やっと重い腰を上げて商工会議所の方も検定試験の出題範囲や内容を見直したようですが、これまでの試験内容は、十年一日のごとく、あくまでも手書き帳簿の時代を反映した陳腐化した問題に固執してきたきらいがあります。

橋本

企業におけるビジネススタイルや会計実務も様変わりしてきていますしね。

八田　そのように、世の中が大きく変わっているのになぜ検定試験の内容などを変えられないのだろうかと、いつも不思議に思っていましたが、制度を変えられない、あるいは、仕組みを変えられないというのは、変えたことによって困る人が大勢いるからではないでしょうか。それは当事者の商工会議所かもしれない。あるいは年度版の過去問題集を作っている出版社かもしれない。さらには、この簿記という科目を高等教育機関、特に大学で担当して安住の地を築いている教員にとって不利益が生じるかもしれない。実際の実務や実社会ではとうの昔になくなっていてあり得ない、あるいは考えられない簿記上の処理を得意げに教えて満足しているようでは、いかにもリスク感覚がないというべきか。ここはもう大鉈を振るって変えていかないと、会計の世界は大きく変わりませんね。

伊豫田　これまでの簿記教育は情報を作成するという側面に重点を置いていましたが、現在ではパソコンにデータを入力しさえすれば簡単に情報が作成されるわけですから、今後の簿記教育は、アウトプットされた情報をどのように読み解くか、情報をどう解釈していくかという側面に重点が移ると思います。ですから、財務諸表の見方・読み方を身につけさせることが、これまで以上に重要になると思います。もちろん、そうしたことを理解するためには、簿記で学ぶ基本的なところはきちんと理解しておく必要があることはいうまでもありません。ですから、単に情報の作成方法だけではなく、情報の読み方・利用の仕方という方向に簿記教育の内容をシフトしていかなければならないと思いますね。

橋本　おっしゃるとおりですね。まさに作成者指向型の簿記教育だったわけですが，そうではなく広く利用・分析材料となるような会計情報を読み取れるような方向性が必要でしょうね。ただその点，これは個別の話ですが，大阪商工会議所が数年前からビジネス会計検定という新たな制度を作って，ここではそういった視点を生み出しているか，ある意味ではそうしたニーズに応えようとしているのかもしれません。

伊豫田　会計関連の検定試験がいくつもできていって，それがビジネスとして成り立つというのではなくて，もうそろそろ抜本的な見直しをして，会計の基礎教育のあり方を見直す時期がきていると思います。

八田　後はやはり，それを支えているわれわれ会計を専門とする教育担当者が，時代が変わったことを身をもって表現できないと改革はできないでしょう。仲間内を厳しく批判したくはないですが，残念ながら各大学で商学部とか経営学部などに所属して，会計関係の科目を担当している教員の半分以上は，つまり担当している授業コマの半分以上は簿記関連科目のはずです。いわば簿記教育で飯を食わせてもらっているわけです。したがって，そこに大きな変革が起きると，不要になる教員が多勢出てくる可能性があるため，保身のためや既得権益を守りたいという意識も芽生え、大きく変わることを避けたいと考える立場の人たちからは反対されてしまうのです。それではいくら経っても日本の会計社会は良くならないと思います。

伊豫田　たしかにそうですよね。

会計離れについて
―少子化の中で会計が生き残るために―

伊豫田 教育という面でいいますと、なぜ会計離れが顕著なのかといえば理由は簡単です。それは会計が面白くないからです。

八田 そのとおりですね。

橋本 これは教える側のわれわれ教師にも責任があります。

伊豫田 では、なぜ面白くないかといえば、学生に面白い研究テーマを提供できていないからだと思います。その点で、実は、学問にも栄枯盛衰があると私は思っています。あえて何学部とはいいませんが、かつて花形だった学部の中で花形だった科目があった。それが時代の趨勢とともになくなってしまっている。よくよく眺めてみると、カリキュラムから、あるいは科目表の中からいつの間にか消えてなくなっている科目が確かにありますよね。なくなった科目を改めて眺めてみると、世の中の需要にキャッチアップしていないものが少なくない。だから、新しいテーマがなく、面白くないのです。

橋本　一方で、われわれの頃の商学がマーケティングと名称を変えることで人気科目になったといった例もありますね。

伊豫田　例えば、これは人から聞いた話ですが、１９８０年代にアメリカでも同じような会計離れの状況があったそうです。そうした危機に直面したことから、１９８０年代にイリノイ大学で会計教育のやり方を大きく変えたところ、たちまち学生数が増えたという話ですが、そのあたりについて八田さんはよくご存じだと思うのですが、いかがですか。

八田　これにはいろいろな理由があります。特にアメリカの場合、会計を専攻する学生の大半は会計プロフェッションを目指して公認会計士（ＣＰＡ）試験の合格を念頭に置きます。実際にＣＰＡの試験に合格した学生は会計事務所に身を置く人も最初はいますが、それ以外のいろんなところに活躍の場を広げていく。政治の世界、行政の世界、教育機関で研究するなど、いわゆる会計プロフェッションという形で裾野を広げていくのです。ただし会計プロフェッションの中で、独占的な監査業務を担っているのは会計事務所に所属する会計士です。ところが70年代、アメリカの経済環境が悪化したときに、いわゆる経営破綻に見舞われた企業や不正な財務諸表が公表された企業の監査を担当していた監査人が、その監査責任を問われる事例が相次いだことで、まさに訴訟の嵐に巻き込まれたことがあったのです。当時のアメリカの会計事務所におけるパートナーレベルは無限連帯責任を負わなければならないとされていました。そのため個人の責任を問われて、結果的に多数のパートナーたちが自己破産に追い込まれてしまうという時代があったのです。そうすると、会計事務所で出世してパートナーになっても結局自己破産するような会計の世界はイヤだということもあり、それが会計離れの大きな理由となったと考えられています。

伊豫田　なんとなく、現在のわが国の状況にも似ているのではないでしょうか。

八田　それを何とかしなくてはいけないということで制度が変わり、と同時に、会計事務所が危機意識をもってアメリカ会計学会に対して巨額の拠出金を出して新しい会計教育を模索するように要請したのです。その中で最も巨額な資金をもらったところがイリノイ大学だったのです。それで彼らが始めたのが**「プロジェクト・ディスカバリー」**(28)といって新しい発見をする会計教育のプログラムでした。そのプログラム策定中の1996年に留学の機会があって私は現地にいたのですが、そうした取り組みが功を奏して再び、会計の志望学生が増えたといわれています。

橋本　当時の動向は、日本会計研究学会のスタディ・グループでも取り上げましたね。電子メ

---

(28)　1986年に公表のアメリカ会計学会（AAA）の特別報告書『将来の会計教育－拡張を続ける会計プロフェッションに備えて』を受けて、当時の８大会計事務所がAAAに対して行った400万ドルの資金援助の一部を得て、イリノイ大学商経学部の会計学科とノートルダム大学経営学部の会計学科が共同で進めた会計教育改革プログラムのこと。詳細については次の文献を参照のこと。藤田幸男編著『21世紀の会計教育』白桃書房、1998年。

ールを使ってコミュニケーションをするようになったのもこの頃からでした。

八田

アメリカの場合、わが国と異なって、将来的な会計人口の減少を懸念するのが、単に教育機関だけでなくて実務界を中心とする経済社会や研究・教育を推進する学界だということです。こういったところが連携をしながら会計の重要性を説き、会計の将来を担う優秀なプロフェッションを支援しようとする。国家的支援体制の中でこういう動きがあるということはすごいことだと思うのです[29]。残念ながら、わが国ではそういう動きは皆無ですね。結局、わが国で騒いでいるのは、大学の教員の中でも会計担当者や監査担当者くらいですよ。これではなかなか裾野は広がらない。

先ほど話に出た「会計が面白くない」という指摘ですが、面白いというのにはいろいろな意味合いがあって、腹を抱えて笑うファニー（funny）という意味ではなく、興味がわいて関心を抱くという意味でのインタレスティング（interesting）という意味での面白さというのが大事になります。そういうレベルでの会計のテーマが出てこないと、やはり優秀な人を惹きつけることはできません。

橋本

確かに、検定試験においても、「判断」という作業が入らないと面白くないかもしれませんね。その判断によって実際に利益が上がった、となると喜びがありますよね。自分がこの判断を誤ると会社が潰れるかもしれない、大きな損失が生じるかもしれない、という

---

(29) 最近のものとしては、アメリカ会計学会（AAA）とアメリカ公認会計士協会（AICPA）の*The Pathways Commission on Accounting Higher Education: Charting a National Strategy for the Next Generation of Accountants*, Jul. 2012がある。

ような臨場感が出るような事例を出題するなど、実務で遭遇する場面との結びつきがあるとよいかなと思いますね。

近年、簿記検定試験の受験生も減っていますし、会計離れが特に日本では顕著で、深刻な問題となっていますね。海外では中国でもアメリカでも、大学卒業後に会計の道を選ぶというのが一番人気らしいのですが、どうも日本だけは例外のようで、会計に人気がない状況が続いております。

八田 おっしゃるように、イギリスなどは、大学生の就職希望企業のベストテンには、大手会計事務所のほとんどが入っています。ただ、イギリスでは会計事務所に就職してから、会計士の試験合格を目指すという状況もありますが……。

橋本 将来どういう仕事につくかということを考えても、ＩＴの発展等もありまして、これまでの仕事も機械やコンピュータに置き換えられていく。オックスフォード大学が出した「10年後に消える職業」[30]の中の1つに、簿記、会計、監査の事務員が入っております。

もともと日本では戦後に会計士とか税理士という資格・職業が生まれたわけで、これもたかだか50年、60年の世界です。かつては繊維産業、自動車産業、金融機関、そして、われわれが大学の頃は保険会社や商社、そしてバブル経済の頃は証券会社が就職の一番人気でしたが、いまは保険会社や証券会社などを希望する人も多くはなくなっている。そして

---

(30) Frey, C.B., and M.A. Osborne, "The future of employment: How Susceptible are Jobs to computerisation?" OMS working Paper, 2013 Oxford Martin School.

コンピュータ関係とか通信などに人気が集まっている。われわれの頃はＮＴＴがまだ民営化しておりませんでしたので、ＮＴＴドコモなどという就職先も当時は考えられなかったわけです。今後も新しい職業が生まれてくる中で、あるいは日本では少子化も進んでいく中で、会計に若い人を惹きつけるために何ができるか。何を求められるのか。また会計人材の裾野の拡大にしても、日本で今後どういった教育がなされていくべきか、という問題についても真剣に検討する必要があるように思います。

伊豫田

先ほどの会計離れの議論の中で、私は、現行の会計教育の方法論にも問題があると思っています。わが国の大学における一般的な会計教育は、まず簿記を学んでから財務諸表論・原価計算を学び、その上で管理会計や監査論を学ぶという、階層的な積み上げ型のプロセスになっています。では、なぜ積み上げ型になっているかというと、それは、公認会計士試験や税理士試験等の試験科目と対応させているからです。つまり、各種国家試験の科目との整合を図っているからです。しかし、会計学を学ぶ学生の大半が試験を受けない現状では、このようなカリキュラムは学生にとってあまり楽しいものではないと思います。まずは、学生の関心を引くことができるように、会計学は「面白い」ということを実感させることが大事ではないでしょうか。

橋本

確かにそのとおりですが、では、どうすればいいのか。なかなか難しい問題ですよね。

伊豫田 例えば、野球、サッカーあるいはラグビーといったスポーツをするときに、まず足腰を鍛えることが大事だということでランニングさせてばかりいれば、おそらくそのスポーツの楽しさや面白さはわからない。面白さがわからないから、すぐに辞めてしまうということになる。ここで大事なことは、まず野球やサッカーが面白いスポーツであるということをわからせることではないでしょうか。そのためには、とりあえずやらせてみることが大事です。会計の勉強もこれと同じで、最近の学生の気風からすれば、いきなりとっつきにくい簿記ばかり勉強させられたのではしんどくてたまらないということになります。まず、会計は面白いということを実感させるような導入教育が必要な気がします。教育方法があまりにも国家資格とリンクしているために、会計を学ぼうとする学生が急激に減少するということになっているのではないかという気がします。

橋本 最近では、学生の能動的な授業への参加を取り入れたアクティブ・ラーニングの方法が、会計教育にも導入され始めています。

伊豫田 だから、例えば、財務諸表の簡単な見方や分析方法を教えた上で、「こういう会社があって、この会社の財務諸表をみればこういうことがわかるけど、それじゃあ君はこの会社の経営者として、次にどのような経営戦略を立てますか」とか、あるいは「A社とB社の財務諸表を見比べて、どのような違いがありますか」、「どちらの会社が有望と思いますか」、「どちらの会社と取引しますか」と尋ねてみる。最初は難しいかもしれませんが、とにかくわからないなりに自分で考えさせてみる。その上で、先生が「例えば、財務諸表をこういう風にみればこんなことがわかる」、「この科目を勉強すれば、こんなことがわかるようになる」といった具合に教えていく。その方が面白みがあるような気がしますね。そうこうしていくうちに、会計を真面目に勉強してみようかなという気になるような気がします。特に、いまのゲーム世代の学生たちには、そういう教育方法が1つの有効なやり方かなという気がします。

八田　ただその話を聞くと、結局、正規の教育機関が信頼を得ていないということにもつながってくる可能性があります。国家試験とか検定試験に重きが置かれてしまうと、大学は単なるバイパスに使われてしまいます。そういう状況は大学の存在意義にも関わることで非常に残念なことです。さらに日本の場合「国家資格」と称されるとありがたがられる。しかし、広く世界の国々をみると、確かに日本のように国家試験として公認会計士や税理士などの会計の専門職の試験を行っているところもあります。ただ管見のかぎり、国家が主体になって試験や資格付与を行っているのは途上国ないしは社会主義国が大半で、アングロサクソンのアメリカ、イギリスは民間資格なのです。民間資格を有した人々が誠実に社会的役割を担うことで、結果として、社会的信頼を獲得して監査といった独占的業務にもコミットすることができるというプロセスがきちんとある。しかし、日本ではそういう試練を経ることがない。特に会計の世界はそれが強いと思いますね。

橋本　日本では昔から「親方日の丸」なんていいますしね。

八田　話が前後しますが、わが国の場合、なぜ会計に対して国家的支援が脆弱なのか。これはあくまでも私見に過ぎませんが、まず会計の話をすると一般の人は「あ、それはお金の計算の学問でしょ」という反応になる。当然に、貨幣経済の社会だから、会計学はそれを表す手段として貨幣額での表示を使っているに過ぎないのですが、だいたいそういう反応になる。つまり、お金に対する日本の文化的背景は「お金は不浄な物である」という意識が根強い。あるいは会計の領域が、ビジネス、商業であるという認識が強く、振り返って、300年続いた江戸時代の歴史をみると士農工商という形で、商業が一番低位に位置して、評価されてこなかったわけです。その領域における学問だけに、評価が得られるまでなかなか時間がかかるのかもしれません。あるいは「武士は食わねど高楊枝」という言葉もあります。「悪銭身に付かず」とか「宵越しの金はもたない」などと、お金については卑下するような言葉ばかりなんです。それに洗脳されてきているから、お金を扱っている領域はリスペクトを受けないという歴史的環境があると思います。ただ、これは、一歩海外に行ってみると、まったく違う環境があります。

橋本

そうなんですよね。まるで別世界のようです。

八田

特に会計先進国のアメリカに行くと、やはり経済社会において、経済人としてまず会計的素養があるということはものすごいリスペクトを受けるわけです。それは単に簿記ができるということではなく、会計的素養を有し、会計的判断ができるということは、この人はビジネスマンとしても素晴らしい能力をもっているということ。的確な計算に基づく将来の展望ができていると理解される。実際に会計の専門家だというと、周囲の人からすごいなと受け止められる。私も若いときにそういう経験がありました。

その点、日本はまったく逆ですね。これはどうしても払拭できない歴史があるから仕方がないのですが、ただそれを後ろ向きに受け止めていてもしょうがないのであって、何とかしなくてはならない。そのためにも伊豫田さんがおっしゃっているように、教育方法を変えることが大前提にあるかもしれません。

伊豫田

もう1ついまのお話しと共通する話があります。かつてアメリカの小学校や中学校のテキストをみたことがあるのですが、これがなかなかすごい。経費をこういうふうに計算するといくらになるかとか、こういう販売方法にしたらいくら儲かるか、というような話が教科書に書かれているんですね。つまり、彼らは子どもの頃から簡単な原価計算とか複利計算というものをちゃんと勉強しているわけです。もちろん、株式や投資の仕組みだって出てきます。子どもの頃からお金の教育をしっかり受けているんですね。わが国でお金の話といえば、特に小学校や中学校では何となく教育現場にはそぐわないと考えられがちですが、アメリカでは、こうしたお金にまつわる話を理路整然と、ちゃんと教えているわけです。

橋本

どういうわけか、日本では教育現場でお金の話をすることは忌み嫌われますよね。何となく行儀が悪いとか、品がないと思われているような……。

伊豫田

また、アメリカでは経営学修士号（ＭＢＡ）の取得者が重用されますが、私がアメリカに留学していたときに、彼の地で一緒に会計を勉強していた商学部の日本人学生が「自分の専攻は商学（commerce）である」と自己紹介したが通じない。で、「会計（businesss accounting）を勉強している」というと、「おお、そうか」と。つまり、当然のことですが、彼らは会計学をビジネスという大きな世界で捉えているわけですね。その点、わが国では「商学」という学問領域の技術的な科目として捉えられている。もう、そこで会計に対する考え方とか、位置づけが根本的に違っている気がしますね。

橋本

民間と国家という話がありましたが、民間がプロフェッショナルというのは、非常に面白いと思います。ドイツもそうですが、日本もそうで、やはり国家や官僚制度が中心なのでしょうね。そうすると、こういう「国」の世界と、そもそも民間から出てきたプロフェッションの世界というのは、どうも合わない。どうしても無理があるように思います。

伊豫田

確かに、わが国の場合は多くの面で国家主導型の体制になっていますし、専門家団体もプロフェッションというよりは、ドイツ型のギルドの世界に近いと思います。それに対して、アメリカの社会や専門家団体は民間主導で、プロフェッションの世界ですよね。そう考えると、日本にアメリカ型のプロフェッション育成のための専門職大学院を作ったけれど、これって結局、まったく性格の違う2つの仕組みを無理矢理接ぎ木しようとしたもののように思えてなりません。そう考えると、法科大学院にせよ、会計大学院にせよ、うまくいかないのも仕方ないのかもしれません。

八田

ご存知のとおり、戦後日本国を背負って多くのキャリア官僚を輩出してきた著名大学には、商学部や経営学部はありません。会計の先生もほとんどいませんから。

伊豫田

でも、どうなんでしょうね。国際化に向けた中での課題ということになってくると、国際間での教育の競争というのがあり得ると思っています。そういう中で、日本がこういう会計教育の弱い状況であってよいのかなと。そういう素朴な疑問が出てきますね。

会計人材の裾野の拡大、会計国際人の養成へ向けた課題

橋本

日本の学界はいまだ非常に閉鎖的な社会で、鎖国ではないけれども、日本の国内で何となく回っていく。特に英語で論文を書いて海外で勝負していかなくても、定年までは地位も確保されているというそういう世界です。そうはいっても少子化の中で会計人材を増やしていく必要もありますし、あるいは国際的に活躍できるような会計の専門家も育てていく必要もあるわけです。

日本の場合にはこういった国際的な主導権を握れないといった経緯がありまして、古い例でいえばビデオテープのVHS規格とベータ規格ですね。当時ベータ方式の方が良い機能であったにもかかわらず、グローバル化の世界では負けてしまった。捕鯨とかイルカ漁といった食文化や伝統文化に関わる問題についても、ちょっと海外から非難されると対応に当惑したり、萎縮したかのような反応になってしまう。会計の世界もいまのところ日本が主導権をとるという状況にはなくて、実務も学会もアメリカ中心に動いている世界になっています。

八田　おっしゃるとおり、会計の世界はもっといろいろ大変なことが山積していますよ。

橋本　そんな中で会計人材の裾野の拡大とか、国際的に日本の主張を行っていくようなグローバルな会計人材を育成していく上ではやはり、会計の専門的知識だけではなくて、英語による発信力とか、異文化を受け入れていく寛容さであるとか、あるいは若いうちから海外に打って出て行くような力も必要なのではないかと思います。まずは会計知識よりも先に、共通の海外の人脈づくりも必要になってきます。あるいはアメリカなど海外で学位をとるためには実証研究の方に進まなくてはならない。とすると、英語とデータベースと統計学の知識も必要になってくる。

われわれの若い頃にはなかった悩みも、次の世代を担う会計研究者や実務者には出てくるでしょうね。そういう人材をどういう形で養成していけばいいのか、あるいはそこにはどんな課題があるのでしょうか。

伊豫田　勉強しなくてはならない事柄や、身につけなくてはならない事柄がどんどん増えているという点で、いままでとはずいぶん変わってくるという気がします。先ほど、私は国内での会計基準設定をめぐる政治化現象について話しましたが、それが国際レベルでの話となると、ますます複雑になってくるでしょうね。いわゆる、会計基準のコンバージェンスをめぐる議論です。

国際間でルールをどのように統合するか。先ほどの話を敷衍すると、国際的に共通な会計基準の設定をめぐって得する国や損する国が出てくる。すると、国際間での政治的な綱引きが起こってくるわけで、こうなるとイルカ漁の話ではないけれども、キチッと理路整然と発言していくことが非常に重要な意味をもってくる。単なるメンタリティとかシンパシーの話とかではなくて、理屈に基づいてきちんと説明していくことが重要だと思います。

橋本

ただ、世界に向けての日本の情報発信力は本当に弱いですよね。言葉の問題もあるのかも知れませんが。

伊豫田

わが国の場合、経済力が落ちたとはいえ、いまなおGDPは世界第3位ですし、経済的アドバンテージのもと、いろいろな場所で発言の機会が与えられています。あるいは、いろいろな国際機関での代表としての枠を与えられているわけです。それは、例えば、中国や韓国と比べると、とても大きなメリットになっているわけですが、では、そこで何ができているかというと、これはまったく別の問題になってくる。

八田

せっかくの利点をまったく生かしきっていないですよね。

伊豫田　わが国の場合、他の先進主要国に比べると発信力がとても弱いわけですね。そこでよくいわれるのが、先ほど橋本さんから指摘のあった日本人の英語力の貧困さですが、何も国際機関の代表の方が英語をネイティブ並に流暢に話す必要はないわけです。それはそれとして、いろいろな情報発信の仕方があるわけです。もちろん、海外に向けた情報発信能力を身につけていく人を増やすこと、国際的な人材の裾野を広げていくことが重要なことはいうまでもありませんが、いろいろな媒体、いろいろな手段をとおしてわが国の主張についての発信力を高めていくことが、まずは何より必要でしょう。

八田　特に国際社会で議論していくときには、やはり個人の立場で出ていても、国家を背負っているわけです。ちょっと話が大きくなりますが、われわれは本当に日々の生活の中で国に対して責任の負える行動をとっているのかどうか。国を代表して意見を発信できているのかどうかを考えている人というのは、他の国と比べて非常に少ないのではないでしょうか。

それが証拠に、例えば、国歌斉唱や国旗掲揚は日本では最近、ほとんどしなくなりました。海外のどの国に行っても国旗は掲揚されています。アメリカなどでは日常茶飯事、イギリスだって同様です。何かパレードがあったり、催し物があったり、ましてや国の記念日でもあれば皆国旗を掲げます。日本はそういうのに自虐的になって国旗掲揚はしない。

こういうことも国に対して責任を負うという意識を削いでいるのではないかなと思いますね。

簡単にいえば日本人はすべての事柄において、呑気《のんき》なんですね。よくいわれるように、戦後やはり平和ボケしているところがある。自虐的な発言をすると斬新であるとか、あるいは国家を貶めるような発言をすると勇気があるとか、そういう馬鹿げた思想になってきているということは、本当に危機的状況だと思います。

橋本

おっしゃるとおりです。

伊豫田

インターナショナルになればなるほど、自分のアイデンティティをきちんと確立させていく必要があると思いますね。これまでの人生の中で、私もアメリカに留学していたときに、自分が日本人であるということを一番強く自覚・認識したような気がします。日々の日常生活の中でとかく見失われがちなアイデンティティというものを身につけていくということは、会計という学問を学ぶ上でも必要だと思います。

八田

それを国際化というのかどうかはわからないですが、日常生活の中でテレビをみていても、日本ではハーフのタレントが珍重されていますよね。こんな国ってあるのだろうかと不思議に思うこともあります。ただ日本は伝統的に単一民族で構成されているから、逆に国際的に断絶された部分があって、アメリカのようにハナから多国籍の多民族国家であるというのとはまったく違う状況にあります。だから同じ目線、同じ土俵で議論ができない部分というのはたくさんありますよね。しかし、今後、われわれ日本人が日本の社会、日本の歴史的背景の中でどういうふうに考えていくかということを常に議論していかないと、やはり足元が浮ついてしまう可能性があります。

ただ一方でこの国際的な対応は避けて通れないわけで、どうすべきなのかという悩ましい問題はずっとついてくるでしょうね。

橋本　日本の中と外ではまったく違うことが行われているのではないかという感覚もあります。いわゆる学会などは閉鎖的な部分もありますし、必要に応じて海外に出て行ったりする人もいますが、逆に迎えることが億劫になったりします。数の面、質の面の両面でこれからも日本の存在感を維持し、さらには一層高めていくことが必要になっていくわけですけれども、それも最先端で基準設定に関わるような人から、裾野を支える人までいろいろなレベルの人が必要になってくるわけです。教育の課題とも関連しますが、なかなか人材育成は一朝一夕にはできない難しい面がありますね。

伊豫田　そういう意味では橋本さんが会長を務めておられる国際会計研究学会は、その先兵になってもらわないといけないのではないですか？

橋本　自動翻訳機が横で勝手に伝えてくれるようになれば、コミュニケーションもはるかに楽になるかもしれませんが（笑）。

八田　その国際会計研究学会ですが、すでに30年を超す歴史の中で、当初は個々の国の会計の議論が先行していて、ここまでグローバル社会を読んだかどうかは別としても、将来を見通して各国によって会計秩序が違うのは困るとの認識は抱いていたと思います。あるいは理論的な側面でも共通認識を得ようということで、国際的な会計の領域の重要性が指摘されたわけです。ところがこの数年来、ＩＦＲＳに象徴されるように、会計の世界の国際化は現実社会の基準として導入されてきており、その意味からすれば、「国際会計」という言葉自体がもはや死語ではないかと思っているわけです…（笑）。

何しろ会計の世界も、これから話していく監査および内部統制の世界も国際的な視点を度外視して議論できないわけです。それをいうなら「国際監査」「国際内部統制」といわなければならないのかと…。そうではないわけです。その辺りがどうなのかなと疑問には思っていますね。

学会、国際会議、留学の位置づけ・役割

橋本　学会とか国際会議、留学の位置づけもグローバル化に伴って変わってきています。昔の先生であれば一生分の研究のテーマ・題材に関する文献資料を海外の大学の図書館で手に入れてくるとか、論文や書簡を通じたやりとりだけで普段会えないような海外の研究者と直接交流し、意見交換する場として国際会議の大きな役割があったわけですが、いまではアメリカの田舎町にある大学に留学に行くよりは日本にいた方が情報が手に入る、直接会わなくてもスカイプなどを使って交流できるという時代になっています。海外の学会とか国際会議、在外研究の位置づけも昔といまとでだいぶ変わってきているという状況があります。

伊豫田　ただ以前に比べて国際的な会議は増えてきていますよね。

橋本　そうですね。やはり、留学や国際会議に参加するということは、非常に大きな意味があることも事実ですので、この辺は人と人のつながりといいますか、会計の世界でも通信や情報技術がいかに発達したとはいっても、やはり直接的なコミュニケーションにまさる手

段はないと考えております。

昔は書物の上で出会った人に、留学や国際会議の場で実際に対面することに大きな意味や喜びを感じたわけですが、この辺についてはどうお考えですか。

八田　海外に留学するとか国際会議に出席するとか、いまでもその意味はゼロではないですが、特にこれまでの研究者の留学は、そこに先駆的な研究や学問があるから、それを移入するために行ったという意味合いが多分にあったと思うのです。ずいぶん前の話ですが、高名な**飯野利夫**(31)先生が当時においても「これからは、移入から移出へということで、日本から発信・伝達しなくてはいけない」とおっしゃっていました。では、日本はどこに伝達するのかということになると、やはり地理的環境からいっても極東地域、アジアなのかもしれないという議論はありました。

残念ながら、私がみるかぎり、われわれに責任があるかもわかりませんが、決してそれができているとはいえません。それは、今後を担う人たちにとっての課題ではないでしょうか。

伊豫田　研究を移入するために留学するというのは、その当時においては当然だったのでしょうね。１９７０年代後半、私がイリノイ大学に留学していたとき、アフリカや中東の学生がたくさん留学していました。彼らがなぜアメリカに勉強しに行くかというと、自国語の専

(31)　【飯野利夫（1919-2007)】日本の会計学者。東京商科大学（現一橋大学）では太田哲三に師事し、一橋大学教授となる。同大学を退職後は中央大学教授、駿河台大学教授のほか、日本会計研究学会会長、企業会計審議会会長を歴任。

門用語がないからなんですね。だから自国で勉強できない。それで彼らはアメリカに行くわけです。幸い、わが国では、明治時代の知識人がドイツ語や英語などの難しい会計専門用語をすべて日本語に翻訳してくれています。そのおかげで、われわれは日本に居ながらにして、専門領域の研究ができる。大学教育を受けることができたわけです。ところが、彼らはそれができないから、外国に勉強しに行かざるを得ない。

橋本　まさに先人の努力の賜ともいうべきで、私たちは本当に恵まれていますね。

伊豫田　その意味でいうと、教育という観点からは、日本はとうの昔に移入のための勉強ではなくなっていたわけです。もちろん、アメリカの先端の研究をキャッチアップする、情報収集するという意味で研究者が海の向こうをみるということはあるんでしょうが。だからこそ、八田さんのいうように、研究に関していえば、国際化は移入のためではなく、移出のためであるべきでしょうね。これは経済でも一緒だと思います。これまでのように、もはや日本人が海外に出て行くのが国際化ではなくて、むしろ日本がどれだけたくさん外国人を受け入れていくのかが国際化の尺度だと思います。大学の国際化を考える場合でも、学生を海外に留学させることが重要なことは当然ですが、それ以上に、海外からの受入留学生の比率を何%まで高めるかということの方が、むしろ重要だと思いますね。

八田　いまでは、どの大学でも留学生の受け入れに関して目標値をおきながらやっています。そもそも文科省が、一定数の留学生の受け入れの要請をしていますから。少子化の中では日本の新入生人口の減少を考えると、大学の生き残り策としては、当然留学生の受け入れを増やしていくことになると思いますし、学生だけでなく、労働人口に関しても、少しずつそうした流れをとろうとしていますね。

橋本　インバウンドの国際化の一面ですね。私の故郷の群馬県・伊勢崎市にある工場では、ブラジルやペルーなど南米からの移民の方たちが大勢就労しており、その子どもたちは学校で、サッカー選手として活躍していますから……。

伊豫田　外国人労働者を受け入れるのか受け入れないのかは、われわれに選択の余地があるわけです。あるいは、これまでとは違った形の受け皿を用意するのか、新しい制度を作っていくのかいかないのか、そのあたりはいろいろな考え方があると思います。いずれにしても、これが避けられない問題であることは事実でしょうね。

八田　ただ、韓国などは20世紀までは日本をお手本としながら、追いつき追い越せという議論がありましたが、日本の経済状況もあまり好転せず、最近では得るところもそれほどないと考えているようです。日本自体がアングロサクソンの受入れ口ではないかということで、最近では、日本を通り越して、直接、アングロサクソンの国に行ってしまった方がよいという判断もされてきています。つまり、日本に対して、批判するという視点での「ジャパンバッシング」ではなくて、相手にしないでスルーするという意味で「ジャパンパッシング」という状況がみられるようです。これは非常に寂しいことで、日本自体、国際社会における貢献度もそれほど高まっていないのではないかという懸念がありますね。

伊豫田

なるほど、たしかにかつて大学院で一緒に勉強していた韓国の留学生がいましたが、やはり主流はアメリカ会計学の勉強だといっていましたね。これは中国についても同じことでしょうね。

八田

そういった国々の人たちは、自国に帰ってから得てきた知識を活用して国家に貢献する。いわば「ウミガメ理論」というのでしょうか、一旦海外に出て行くものの、きちんと戻ってきて自国貢献を果たしている。でも日本の研究者の中には一方通行で、行ったまま帰ってこない人も少なからずいますね。それはおそらく、日本の受入機関が適正にあるいはフェアに受け入れることができていないという事実があるのでしょうね。先ほど橋本さんがおっしゃったように、やはりドメスティックな、内向きな、仲間内だけの議論に終始している場面がまだ残っているのでしょうね。

こうした閉鎖性については完全に払拭することが課題であると思っています。

伊豫田 特に、本来最も国際化を求められるべき大学が、きわめてドメスティックな状況に陥っているというのは深刻な問題ですよね。

橋本 海外で評価を受けてこないと、なかなか日本での評価が定まらないという実態もありますし、逆に海外で評価されると日本では不動の地位が与えられるといったような側面がある。この辺は日本の特徴的なところですね。

日本の国内で生きていられる、十分にまかなえる時代はよかったわけですけれども、今後、高齢化・少子化が進んでくると、そうも行かなくなってくる。そうなるとやはり外に打って出るとか、逆に海外の人を迎え入れるというようなことをしていかないと、日本のシステムが維持できないのではないかともいわれてますね。

会計人に求められる資質、学習需要の高度化・多様化
―生涯学習社会への転換―

橋本　東京オリンピックが2020年にあるということで、これに向けて動き始めています。特に最近は外国人の観光客も多くなってきまして、受け入れという部分でもかなり積極的になってきていますが、どうも東京オリンピック終了後は、なかなか日本も難しい状況に直面するのではないかとも議論されております。その中で会計人に求められる資質などもだんだんと高度化していくと、大学とか高等教育で一生分の勉強をするのは無理だと。絶えず勉強しているような生涯学習社会へと転換していく必要も取りざたされています。こういう会計教育、会計という職業の将来についてはどんなふうにお考えですか。

八田　ちょうど東京オリンピックの話が出ましたが、例の国をあげて批判にさらされて頓挫した新国立競技場建設の議論ですが、最初の予算規模1300億円が、上がりに上がって3000億円になりました。あれは何なのかと。誰ひとり正しい会計計算をしていなかったことの証ではないでしょうか。

伊豫田

まったく腹立たしかったですよね。

八田

政治も行政も、それを支えている民間の母体も、こういった杜撰な計算をどう考えているのか。これを自分の財布の中身の問題として議論できないところが大問題なのです。1300円しか財布に入ってないのに、3000円の買い物をしようということです。こういう馬鹿げた発想が起きること自体、日本という国がまさに会計後進国であることを如実に示していますよね。それに対して社会も、そのこと自体についての批判はしても、全体的な意味での会計計算には目が届いていない。あるいは経済社会の将来を展望して分析できているかどうかといえば、甚だ心許ないわけです。まさに会計の仕事ですからね。

伊豫田

いわゆるコスト意識の欠如ですよね。そもそもコストという概念がどういうものか、わかっていないところに問題がありますね。1300億が3000億になり、いまは1600数十億ですか。バナナのたたき売りではあるまいし、上がったり下がったり、ものすごいことが起こっているわけです。コスト意識の高いアメリカではあり得ないことですよね。

八田

あり得ないと思います。そして誰ひとり明確な責任を負わない。つまりアカウンタビリティ意識の欠如です。説明責任も果たせないし、責任そのものを負うことすら避けられている。それでも許されてしまう社会だというわけですよね。ここで正しい会計の理解をしましょうとか、それを踏まえて健全な経済社会を支えましょうといっても、どこか浮いた話になってしまいます。

伊豫田

アカウンタビリティという言葉が出てきましたが、会計は単なる計算だけで終わるものじゃありません。会計という行為には計算を通じた説明とそれに伴う責任の履行が含まれます。計算と説明と責任の履行、この3つが一体となって初めて会計の機能が果たされるわけですが、わが国の場合、ただコストを計算するだけに目が向いてる気がします。説明もなく、もちろん誰が責任をとるということもない。会計のもつ本来の意義や機能が正確に理解されていないということが、本当によくわかる事例だと思います。

八田

ここにきてわが国でも、説明責任あるいはアカウンタビリティという言葉を結構使うようになってきています。ただ、言葉数多く饒舌に喋れば説明責任を果たしていると勘違いしている人もいるわけです。まずベースには、客観的な証拠ないしは信頼し得る情報をもとに、論理的な視点でそれを説明することで、第三者の納得を得ることが不可欠だということです。つまり、それが実際にできているのが、まさに会計報告の姿だといえます。ところが、ただ多弁に雄弁にものを語れば説明責任を果たしていると勘違いされている。

戦後の、日本の会計学の祖といわれた**太田哲三**(32)先生の有名な言葉に、「心せよ。数字は

---

(32) 【太田哲三（1889-1970年）】一橋大学名誉教授、元中央大学教授、一橋大学商学博士。監査法人太田哲三事務所（現・新日本有限責任監査法人）の創設者。日本会計研究学会、日本公認会計士協会、企業会計審議会の各会長を歴任。中央大学経理研究所初代所長。日本の会計制度創設に大きな役割を果たす。

嘘を言わぬもの」という箴言があります。まさに、至言だと思います。

橋本

それにアスリートのためだという視点、誰が主役なのかという議論も抜けていて、いわゆる箱だけの議論になってしまっている。箱さえ埋まればコストは二の次で、とにかく日本の記念すべき建物を造るべきだという議論に終始しているところはありますね。それは会計でいうコスト計算という考え方にも関係してくるようにも思えますね。

八田

先ほど話に出ましたが、優秀な人材が現れないと、それを夢にして次なる世代の人が来ないという悪循環がありますね。では優秀な人がどこで養成されてくるかというと、日本の場合残念ながら、これまでの多くの教育機関では入口議論が中心であり、本当の意味での人材育成に貢献してきていない。つまり、人材育成に対しての入口議論、例えばかなり昔だと「××大学に入学できた」といえば、それなら人生は安泰という状況があった。「○○の資格試験に合格した」だから後は安泰だと、それ以降のことはあまり議論されないわけです。

しかし、会計というのは経済社会を映し出す領域で、幅広い素養と、最新の情報を踏まえた上で正しい理解をしていかないといけないわけであって、会計とは、まさに大人の学問だと思っているわけです。お子様のお勉強ではない。

加えて、会計プロフェッションについてですが、「若くて優秀なプロはいない」といわれています。橋本さんも先ほどおっしゃっていましたが、試験はできるけど、本当に難しい最終的な判断を下せるのかどうか。高度な判断と、それを極める視点をもつためには、ある程度の社会経験・人生経験は必要なわけです。そのため、大学時代は会計とは無縁のことを専攻していたけれども、ビジネスの世界に入って会計の重要性を知ったからもう一度勉強しようという人もいます。敗者復活というのとは違うかもしれませんが、再登用・再雇用が許される数少ない領域が、私は会計職業だと思っているわけです。しかし、雇用の流動性が低い日本社会ではなかなかそれを許さない。一方、これだけ複雑化・高度化した社会に対応するためには、昔とった杵柄の陳腐な知識では役に立たない。そこで、もっと社会人を活用するために大学院とか夜間のレベルで教育してもらいたいとの要請もありますが、そのかけ声はいいのですが、現実の社会がそういった形で動いてはいないわけです。

この辺は、生涯学習を考えても、難しい課題がたくさんありますよね。

橋本

われわれも研究者として、教育者として常に研鑽を続けなければなりません。

伊豫田

労働市場の閉鎖性のために、一度入った会社から他の会社へと簡単には移動はできないという状況にある。勤め先を移動するためのコストがきわめて高いという問題がわが国にはありますからね。労働市場が流動化してくれれば、会計という学問に対する需要も大きく変わってくると思います。

法学部出身の方には叱られるかもしれませんが、生半可な法律知識をもっていたからといって社会ではさほど役立つとは思えませんが、会計知識は、実際のところ、本当に役に立ちますからね。そういう意味で、会計が敗者復活のための非常に有用なツールになるということは間違いないでしょうね。

八田

あえて過激な言い方をすれば、まず大学教育における会計担当者の更新制を導入するべきだと思っています。やはり昔ながらの、500年前の簿記しか教えていないような教員はもう必要ないのですから、退出してもらうというくらいの覚悟が必要なのです。そしていまの新しい秩序、新しい国際環境の中で新しい会計の魅力・重要性を伝授できるようなそういう能力をもった人が会計教育に関わるべきなのです。

だからといって実務家を重用しろといっているわけではありません。人材はみえないところにいると信じていますから、優秀な人材は必ずいます。日本ではドラスティックな改革をしようとすると、そんな優秀な人はたくさんいないなどといわれますが、そんなことはありません。結局、学会そのものもこれまではかなり閉鎖的に運営されてきた部分があり、有名な指導教授につけば安易に就職ができたかもしれない。そうなるとお世話になった人に対してはイエスマンになって、その先生の批判ないし厳しい評価が絶対にできない。これでは学問の進歩など何もありません。

私自身、たまたまではありますが複数の指導教授にお世話になりましたが、その指導教授の多くが早くに亡くなってしまったために、逆に人生のサポートを十分にしてもらえなかったという憾みはあります。でもいまになって思えば、皮肉にも若いときから自由にものがいえたというよい面も少なくないと感じています。指導教授が元気でいると、なかなかものをいえないという人は少なくないですからね。

橋本　国家試験などでも、最年少合格などといってもてはやす傾向にありますけれども、同じ合格者でも就職難のときは若い方がいいというような採用のパターンがありました。そうすると会計大学院を修了すると、最低でも24歳となって、その時点で年齢制限で切り捨てられるということもありましたね。採用する側も、本当に優秀な人材・資質を見抜くような採用方法ですとか面接ですとかのあり方を考えていただきたいと思いますね。

もちろん優秀な人だけの組織というのも脆弱性があって、いろいろな人が混ざっている方が組織の強さになるという面もありますから、多様性、ダイバーシティも会計の世界では必要なのではないかなという気がします。

八田　専門職あるいはプロとして人生を送りたいと思う人は、常に厳しい競争のもとに置かれて鍛えられなくてはならないということでしょうね。切磋琢磨し、他者より上を行くという気持ちを維持していく。ところが、日本の場合は入口の段階で、試験に受かりさえすればもうよいだろうと安住してしまう。そのため、健全な競争さえ起きなくなります。競争がない世界は必ず衰退・廃退していきます。

その意味で日本の国家試験や検定試験が、本当の意味で活かされているとは思えないですね。

第2部　監査のいまを語る

第2部では「監査のいまを語る」ということで話を進めていきたいと思います。昔から会計と監査は車の両輪だといわれているわけですが、どちらかといえば、会計よりも監査の方がさらに専門的で、一般的には馴染みの薄いものではないかと思いますので、ここでは監査についてわかりやすく繙いていければと思っています。

株式会社とディスクロージャー

伊豫田 まず、そもそもなぜ監査が存在するのかといえば、その前提として、財務諸表の存在あるいはディスクロージャーの存在が指摘できます。では、ディスクロージャーはなぜ存在するかというと、歴史的には、その誕生は株式会社の出現と密接な関係があります。

ご存じのように、株式会社は有限責任制をその特徴としているわけですが、株式会社の誕生間もない頃、この有限責任を利用してさまざまな詐欺事件、不正事件が起きました。

八田 いわゆるイギリスの**南海泡沫事件**(1)などもそのひとつですね。

伊豫田 このような詐欺事件・不正事件が多発しますと、株式会社は危ない存在、危険な会社だということになりますし、その結果、株式会社と取引しようとする人がいなくなってしまいます。しかし、そのような事態は国民経済に大きなマイナス要因となる可能性があります。

というのも、株式会社が誕生した17世紀以降、イギリスをはじめとする当時の先進主要国は、産業革命を経て鉄道や化学といった大規模産業を興していくわけですが、これらの

(1) イギリスの財政危機を救うために1711年に設立された南海会社（The South Sea Company）がかかわって、1720年に起きた投機ブームによる株価の急騰と暴落、およびそれに続く混乱を指す。これらの事件を契機として、公認会計士制度および会計監査制度が誕生した。

産業を育成・発展させていくには多額の資金が必要になることはいうまでもありません。投資のための資金を効率よく集めるための仕組みとして株式会社が最も適切であることは明らかです。ところが、株式会社と取引する人がいなくなると、株式会社を設立することが困難になり、大規模な産業を興すことが難しくなります。そこで、どのようにして株式会社を健全に育てていくか、安心して株式会社と取引できるようにするためにはどうすればよいのかということが重要な課題としてクローズアップされたわけです。そして、そうした問題を解決するための手段の1つとしてディスクロージャーが現れたのです。

橋本　つまり取引の安全性を確保するための重要なツールだったわけですね。

伊豫田　そうです。財務諸表の作成・公表をとおして株式会社を取り巻く利害関係者に情報を提供し、取引の安全性を図ろうとするわけですね。ただ、ここでもう1つ重要な問題が出てきます。というのも、情報作成者と利用者とを比較した場合、情報作成者の方が優位な立場にあります。だから、情報作成者は自分に都合のよい情報しか開示しないあるいは真実でない情報や虚偽の情報を開示する可能性もあります。しかも、情報利用者は情報の歪曲や隠ぺいが起こり得ることを事前に予想しています。ですから、作成・開示された情報をそのまま利用することはない。そうすると、せっかくのディスクロージャー制度もまったく意味をなさないことになってしまいます。そこで、当事者以外の第三者による情報の信頼性を担保するための仕組みが必要になるわけで、監査がまさに情報に保証を与える仕組みとして登場することになったわけですね。ですので、情報の信頼性と監査との関係というのが、ここでのキーワードの1つです。ディスクロージャーについての、こうした観点から話を進めていきたいと思います。まずは橋本さんからお願いします。

橋本　よく監査人はディスクロージャーの番人といわれますが、監査というのは、会計情報の信頼性・透明性・適正性を担保するという重要な役割を担っていると思います。

とりわけ、今日のように高度化・複雑化した社会では、なかなか情報の内容を自分でチェックすることができないということがありまして、そういったところに監査のニーズが生まれてきます。もちろん社会の監査人に対する期待と、実際に監査人が行っていることとの**期待ギャップ**(2)の問題もありますが、監査というのは会計以上に専門的な仕事ですので、それを一般の人々にどのように理解してもらえるかというのが大きな課題ではないでしょうか。

特に日本の場合には、戦後、アメリカの制度を導入したという面もあるので、いわゆる財務諸表監査のニーズというのが薄いというか、日本の国民性の中には監査というものがもともと受け入れ難いというところがあります。人を疑ってかかるとか、懐疑心をもつということ自体がそもそも難しいという面もあると考えています。レストランや居酒屋の勘定明細をいちいちチェックしないとか、福袋に絶大な信頼を寄せるというのが日本人の平

(2) 期待ギャップ(expectation gap)とは、監査結果の利用者が抱く監査に対する役割期待と監査人が考える監査の役割との間に認識のズレがあるということ。

均的な懐疑心のレベルなのかもしれませんし、またそれで特に問題が生じることがないというのが、日本の良さかもしれません。

八田

先ほど伊豫田さんから、会計と監査の前提ともいえる株式会社におけるディスクロージャーの話がありました。まさにそのとおりで、資本提供者の株主が経営の専門家である経営者に対して自らの重要な資金を託してそれを適切に運用してもらうということで、資本ないしは所有と経営の分離がなされているわけです。そうなると経営を任された受託者（スチュワードシップ）としての責任が生じる。そこで、どのように資金が使われたのか、あるいは、この資金を運用して行ってきた事業活動がどういう結果を出したのかということを、数字情報である会計情報に置き換えて説明することが求められてくるわけです。この経営を任された者の説明責任（アカウンタビリティ）の原点にディスクロージャーのための会計情報の作成・開示があるということです。

そうした情報は真実かつ公正なものでなければならないのですが、残念ながらいくつかの事情によって、そういった情報が歪められている場合がある。情報の利用者である株主や債権者、さらには上場会社のような社会的な公器と称される会社の場合には、不特定多数の利害関係者（ステークホルダー）に対して正しい情報が発信されるべきですが、残念ながら、必ずしもそうなってはいない場合があるということです。

橋本
　確かに、正しい情報が発信されていないとなると、利用者は誤った情報によって、誤った経済意思決定をしなければならなくなる。これはやはり社会の信頼性を削ぐ行為であるし、あるいは株式会社を取り巻く環境において信頼関係が削がれるということから、国家的にもそれを避けなければならないでしょうね。そうした状況を防止するという理由から専門的第三者による監査が求められてきて、特に会計情報の監査というところで監査制度は大きく花ひらくわけです。こうした点から、監査の重要性が認識できるのではないでしょうか。

伊豫田
　先ほど申し上げたディスクロージャーは、いわゆる株式会社の有限責任との関係から出てきた**会社法**(3)の枠組みの中での話であって、会社法上の監査の主体は、監査役という会社機関です。
　他方で、戦後、わが国はアメリカの一般投資者保護を念頭に置いたディスクロージャー制度を導入しました。それは、いわゆる**証券取引法**(4)（現在の金融商品取引法）に基づくディスクロージャー制度で、監査役とは異なる公認会計士による監査という制度が、やはりアメリカの制度を模倣して導入されたわけです。したがって、わが国には、商法という私法の枠組みの下でのディスクロージャー制度が存在すると同時に、公法である金融商品取引法に基づくディスクロージャー制度が併存しているわけで、ここに他国には類例をみな

(3)　企業を取り巻く経済状況や社会環境の変化に対応すべく行われた商法改正の総仕上げとして2005（平成17）年に成立した法律で、2006（平成18）年から施行されている。会社法の成立により、従来の商法第２篇「会社」のすべての規定、有限会社法と商法特例法の規定が廃止されるとともに、新たに会社法施行令、会社法施行規則、会社計算規則および電子公告規則が制定された。

い、わが国固有の非常に特殊な構造が見いだされます。

八田

おっしゃるとおり、これら2つの法律はともに目的とするところが異なっていることから、ディスクロージャーについても異なった制度となっている。ある意味、2つの制度が混在しているといってもよいのかもしれませんが、その2つの仕組みをどのように理解していくのかというのが長い間の課題でもあります。どちらかといえば、ここでは金商法に基づく投資者保護を念頭に置いた公認会計士による財務諸表監査ということに話の焦点を合わせていきましょう。

伊豫田

そうですね。

(4) わが国証券市場の民主化を図るべく、アメリカの1933年証券法と34年証券取引所法を模して、1948(昭和23)年に証券取引法が制定された(この法律は2006(平成18)年に金融商品取引法に改められた)。この法律によって、有価証券届出書や有価証券報告書による企業財務情報の開示と公認会計士による財務諸表監査がわが国で初めて制度化された。

会社はなぜ粉飾するのか

伊豫田

株式会社は法律に基づいて財務諸表を作成・公表していくこと、また上場会社等に関しては、公認会計士による監査を受けることが義務づけられています。これは、特に大規模な会社については情報利用者の数が多く、その与える影響が大きいということで、独立の職業専門家による監査が義務づけられるということですが、では、そもそもなぜ会社は粉飾するのか。つまり、なぜ虚偽の情報を開示するのでしょうか。

不正については、アメリカにおける歴史を中心として、これまでに幅広く研究されてきているわけですが、企業の粉飾、特に不正との関わりについて、八田さんはどうお考えですか。

八田

粉飾という言葉は、一般にもよく目にし、耳にしますが、少なくともこれは専門的な学術用語ではありません。字をみてわかるように、「粉」の字は白粉《おしろい》の粉《こな》を意味し、「飾」の字は、まさに外見を良く見せかけようとすることです。

橋本

英語ではwindow dressingといいますね。

八田

つまりきれいに着飾ることを一般には粉飾というようで、これを財務情報に置き換えると、いわゆる企業業績をよくみせようとすることです。場合によっては赤字を黒字に、黒字であればより多くの利益が出たような形に取り繕うことで、利益の水増し計上を意味しています。

ただ世の中には、逆のケースでの不正な報告もあります。つまり利益が出ているにもかかわらず利益減らしを行うことがある。通常、上場会社や公開会社の場合にはあまり考える必要がないのですが、同族会社とか個人零細企業の場合には利益が出ると税金として納める必要が出てくるとか、他からうらやましがられることがあり、意図的に利益減らしを行うということです。そういう場合はかえって見てくれを悪くするわけだから、メディアなどは「逆粉飾」などという言葉を使ったこともあります。ただわれわれが「不正な財務報告」という場合は、だいたい上場会社を念頭に置いての議論ですから、見栄えをよくする方、つまり架空利益ないしは利益の水増しを前提にすればいいと思います。

橋本

実際に大きな社会問題になるのも利益の過大計上の場合ですしね。

八田

ではなぜ粉飾するのか。一般にいわれるのは、決算書自体が経営者の「通信簿」であると捉えられていることから、やはり多くの利益を出して、多くの方々から評価を受けたいという気持ちがあるのではないでしょうか。具体的には、経営者がより多く利益が出た形に仮装することで、保身を図ったり、組織防衛を目的にしているのかもしれない、あるいは株価のつり上げとか、金融機関との取引を継続させたいという願望があるかもしれない。そういったいろいろな要因ないしはニーズに応えたいという気持ちは常に存在しますから、どうしても世の中から粉飾はなくならないでしょうね。

伊豫田

先ほど逆粉飾の話が出ました。企業の業績をわざと悪くみせるというケースですが、近年、これは一般の公開会社でも比較的数多くみられるようになってきました。例えば、電力会社のような政府の規制のもとに置かれる産業では料率が所管官庁によって規制されていますので、あまり利益が出すぎてしまうと消費者から利益の引き下げを求められたり、あるいは料金の引き上げが難しくなったりします。また、金融機関等においても、あまりに多額の利益を計上すると、人々から「儲けすぎだ」といったような批判が起こりかねません。自社に対する社会的な批判から身を守るために、わざと利益を小さくみせるということが行われるわけですね。このような逆粉飾は、利益を過大に計上する粉飾と同様に、経済社会では少なからずあり得ることです。いずれの場合も不正ではあることは間違いありませんが、投資者保護という観点から、金融商品取引法が念頭に置いているのは、主として利益を過大に表示する粉飾の方ですね。

八田　そのとおりだと思います。

伊豫田　また、財務諸表を作成する責任が経営者にある以上、その財務諸表の中身というか、内容はやはり経営者の意思や思惑に左右されます。先ほど、会計についての議論のところでも指摘されていましたが、会計数値の作成に際しての会計処理の方法や手続の選択・適用について、いわゆる**原則主義（プリンシプル・ベース）**[5]が採用されるようになり、経営者の裁量の範囲が以前にも増して大きくなるにつれて、虚偽表示のリスクが高まることは間違いないですよね。

橋本　やはり**情報の非対称性**[6]といいますか、経営者と投資家を比べたときに、経営者の方が、圧倒的に情報優位な立場にあります。さらに、会計情報、財務諸表というのはそれ自体の品質が、良品なのか不良品なのかを一見したところでは判断できない面があります。善良な経営者が多いでしょうけれども、中には悪質な経営者もいる。
　やはり自分の会社や業績をよくみせたいという人間の願望と、そのために実態が伴わない場合にはどうすればいいかという1つの手法として、人間はどうしても粉飾といった方向に走るという弱い面があるのではないかと思っています。

伊豫田

---

(5)　原則主義とは、会計処理の手続および方法については原則的・基本的な考え方や枠組みのみを規定しておき、具体的な細則や適用方法については財務諸表作成者の判断に委ねるという考え方をいう。これとは反対に、詳細な手続・方法を規定するという考え方を細則主義（ルール・ベース）と呼ぶ。

制度としての監査を議論する場合には、世情を賑わすような会計上の不正事件を無視して考えることはできないと思うのです。この点はアメリカでも同じだと思いますが、特にわが国の監査制度改革の歴史をみても明らかなように、いろいろな不正事例の発覚を契機として、監査制度が大きく転換しています。

八田

ご指摘のとおり、監査制度もそうですが、会計制度の発展の歴史はやはり不正の歴史と相通じるところがあると思っています。結果的には、そういった不正や不祥事が起きることを抑止ないしは防止しなくてはならないということから、あまり歓迎されませんが、だんだん規制強化の方向に舵が切られてきている。これはアメリカでも、日本の証券市場の歴史をみてもまったく共通しています。

さらに、実際に行われた不正の手口を分析するとともに、不正に至った誘因を取り除くために、会計基準も詳細化がなされ、監査手続もより厳格化がなされてきたわけで、そういう意味では、会計監査の理論ないしは基準の発展の歴史である、と言い換えてもよいかもしれませんね。

伊豫田

非常に皮肉なところがあるわけですが、まず、不正事件が発覚し、それに対応する形で会計基準の見直しや監査基準の見直しが行われるということになると、やはり不正事例についての研究が重要だということになるのでしょうね。どういう目的で、どのような不正

(6) 情報の非対称性（asymmetric information）とは、取引当事者（売り手と買い手）の保有する情報が対等ではなく、どちらか一方が情報優位者に、他方が情報劣位者になっている状況（情報分布にばらつきが生じている状況）をいう。討議資料「財務会計の概念フレームワーク」では、「そうした情報の非対称性を緩和し、それが生み出す市場の機能障害を解決するため、経営者による私的情報の開示を促進するのがディスクロージャー制度の存在意義である。」としている。

が、どのように行われたかについての実態調査・研究が非常に重要になると思います。八田さん、この点について、特にアメリカではどのような状況なのでしょうか。

八田

アメリカの場合、特に公開会社において生じた不正問題によって、後日、規制当局である証券取引委員会（ＳＥＣ）からの処分を受けた場合には、**会計・監査執行通牒**(7)で公表されるため、誰もが歴史的な史実・資料として利用できます。そこでの詳細な検証の内容、また、処分に至った理由等が書かれているため、そこから学ぶことのできる知見というのは非常に大きなものがあります。

橋本

翻って日本の場合には残念ながら、不正の事実に即した内容というのはあまり公開されていません。例えば、日本公認会計士協会なども不正事案を検証して、**事例集**(8)として作ってはいますが、対象となった固有の企業名もわからなければ、事案が特定できるような詳細な内容の開示もなされていません。

八田

そのとおりで、なぜ問題となった事案を特定できないような対応を講じているのかというと、そうした不正等の事案に関しては、すでに関係当事者はそれなりの社会的制裁を受けており、これ以上、将来にわたって責任を追及すべきではないということのようです。不正行為者を庇っているわけではないにせよ、非常に抽象的な事例としてしか紹介されて

---

(7)　SECは、1937年４月以来公表してきた会計連続通牒（ASR）の公表を1982年３月に終了し、以降、法律規則に定められた会計および監査事項等に関する解釈については「財務報告通牒（FRR）」として、また、会計士等の行政処分等については「会計・監査執行通牒（AAER）」として、２つに分けて公表してきている。

(8)　日本公認会計士協会は、不正事案について個別に調査・検討した結果を、昭和53年以来平成６年まで３回にわたり、『紀律関係事例集』として発刊されていたものを引き継ぐ形で、平成18年からは、『綱紀関係事例集』として発刊している。

いないために、残念ながらわれわれが具体的に得られる知見はほとんどないような有り様なのです。そういう違いが日米ではあります。

橋本

アメリカでは、不正事案について考えるときに、不正が起きてから発見するのでは遅いということで、不正の問題はそれを起こさないための方策、あるいは、仮に起きた場合でも早期に芽をつみ取らなければいけないという考え方をもっており、不正問題は予防・防止・早期摘発が何よりも大事なのだと考えています。そういうことを研究されている例は少なくありません。

八田

一番良い例として、1987年に公表されたいわゆる**トレッドウェイ委員会報告書**(9)というのがあります。これは正式には、1985年に立ち上がった「不正な財務報告に関する全米委員会」という組織がまとめた報告です。この中には、不正をなくすために各関係当事者が取り組むべき対応策として、全部で49の勧告が盛られています。例えば財務報告の作成責任者である企業側、すなわち経営者に対しての勧告、監査人サイドに対しての勧告、証券資本市場を規制する当局に対しての勧告、さらには、不正を犯すのが人間であるということから、教育を行う立場の者に対しての勧告等、多岐にわたっての実践的な改善勧告を提示しているのです。

そして最後にたどり着いた結論として、このような不正を防止するための課題として一

(9) 1985年にアメリカ公認会計士協会（AICPA）の呼びかけで、不正財務報告を防止しかつ摘発するためのフレームワークとその方策を勧告することを目的として設置された、トレッドウェイを座長とする「不正な財務報告に関する全米委員会」により1987年に公表された報告書をいう。

番重要なのは企業の内部管理体制について、すべての関係者の共通認識が不可欠であるということ。それは内部統制といって、これまでもいろいろな立場での議論はされていたものの、共通の概念として捉えられていないことから、内部統制のフレームワークを明確にしなくてはならないとの勧告をしています。そういうことから、この内部統制議論が１９９０年代以降、一気に花ひらいて日本にも伝播するのです。まさに日本はいまそのまっただ中にあるといっても過言ではないと思います。

伊豫田

先ほども申し上げましたが、財務諸表を作成する責任は経営者にあります。他方、財務諸表監査の主体である公認会計士には経営者の作成した財務諸表を監査する責任があるわけで、それぞれの責任は明確に峻別されています。これは、監査では**二重責任の原則**(10)と呼ばれ、監査が成立するための基礎条件というか、非常に重要な原則として理解されています。この二重責任の原則の観点からいえば、経営者が不正な情報に対する第一義的責任を負っていることは間違いありませんし、監査の大前提もそこにあるということですね。

八田

そのとおりです。

伊豫田

こうした中で、会計基準において原則主義が強調されるようになってくると、結果として、経営者の情報作成プロセスにおける裁量の範囲が大きくなってくるわけですから、財

(10)　二重責任の原則とは、財務諸表を作成する経営者の責任とそれを監査する監査人の責任とを峻別し、監査人が財務諸表の作成に関与することを厳に禁止する原則をいう。この原則は、監査人が自ら作成に関与した財務諸表を監査すること（自己監査）を禁止するものである。

務諸表に対するバイアスのかかり方が、これまでよりも一層大きくなるのではないかという心配が出てきます。つまり、会計基準の国際レベルでのコンバージェンスを達成するために、わが国の会計基準が国際会計基準に収斂していけばいくほど、虚偽表示とか会計不正に対する懸念がますます高まる気がしますね。

橋本

会計基準というものから何とか逃れるための抜け道を探す実務が過去において蔓延ったことがあり、それを防ぐ手段としてさらに会計基準が詳細になったり膨大になったりする。それにより今度は、いわゆる会計基準過多、オーバーロードという問題が出てきますが、細則主義の会計基準が抱えるこうした問題に対して、発想の転換といいますか、細かいところまで書き込まない原則主義の会計基準の方が会計不正の防御という点では有効であると考えられるようになり、国際会計基準が存在感を増したこともあり、イギリス流の原則主義に注目が集まり、原理原則を示すような原則主義の会計基準に当てはめて、形式面では個々の会計基準に沿っているようにみえても、実質面で全体として問題がある場合はダメだというような判断をするようになってきたわけです。

伊豫田

粉飾の手口も時代とともに変わってきて、昔は単純な売上のごまかしとか費用の過大計上、売掛金とか在庫の水増しなどが多かったのに対して、近年では、連結外しや複雑な循環取引の利用、それに合併処理に関する**のれん**(11)の不適切処理など、非常に手の込んだやり

(11) のれんとは、同業他社より高い収益力を有する企業を買収・合併する際に、継承した純資産額と当該企業を取得するために交付された株式・現金の総額との差額をいい、営業権とも呼ばれる。

方を使って、しかもその金額が非常に大きな金額になっているということが指摘できます。

橋本　確かに、不正の温床といわれる売上高、売掛金、棚卸資産に関して現金や在庫を操作するといった伝統的な粉飾と比べて、最近の粉飾の常套手段は連結範囲の操作、デリバティブの悪用、資産の評価損の不計上といった大がかりなものが目立ちます。

伊豫田　やはり会計基準の整備と粉飾の抑制というのは、いつまで経っても追いかけっこ、まさにイタチごっこあるいはモグラ叩きのような様相を呈していますね。

八田　ところで、国際会計基準（ＩＦＲＳ）についての説明がなされるときに、枕詞として使われるのは、ＩＦＲＳは原則主義だということです。つまり、大本となる原理・原則を示すだけで、後の個別具体的な適用ないしは判断に関しては、当事者の裁量の中で行いなさいという考えです。したがって旧来の細則主義（ルール・ベース）よりも、恣意性が働く可能性が高いということから、今後は、より粉飾のリスクは高まるといった懸念を表明する人たちもいます。しかし、こうした理解は基本的に誤っていると思っています。

　つまり、会計の世界でも原則主義が受け入れられるためには、その前に満たすべき大前提があるわけです。それは会計処理ないし判断を行う担当者の側において、まず、適切な会計判断を可能とする一定水準以上の会計的専門知識を有していること、さらに、不正とは隔絶した誠実性と倫理観を備えていることの2つの要件が前提として満たされていることです。それを度外視して原則主義など成立しようがないのです。単に専門的知識だけだと、それを不当に悪用するケースすら考えられます。実はいま一番問われているのは、こういった人間としてのあり方ないしは心のもちようなのですね。したがって、何か問題が起きると、最後に行き着くところの解決策は、ルールの厳格化でもなければ、過重な処分の履行でもなくて、善良な当事者としての意識を育むといった問題になってくるのです。

橋本

制度に魂を入れるのはヒトであり、最終的には関係者の意識改革の問題に帰着しますね。

伊豫田

まさにそのとおりだと思います。ただ、企業の経済活動が国際化し、会計基準が国際レベルでコンバージェンスしていくという状況の中で、会計に関わる人々の誠実性や倫理観をどのようにして確保していくのか。この点については、まず、その内容を概念的に明らかにするとともに、これらを実際に制度的に担保するために、誠実性や倫理といった概念をどうオペレーショナルなものにしていくのかという点が大事だと思うのです。

八田

そうなってくると、会計の基本的考え方、つまり会計とは一体何だろうかという議論に戻ってしまいますが、基本的に、会計は企業の経済的実態ないしは経営行動を忠実に描写することです。それが経営者に求められているわけであって、この実態を正しくディスクローズ、あるいは描写するためにはどうあるべきかという、この最後の砦のところを経営者本人に委ねているわけですから、それを誠実に履行できる人でなければやはり経営者としての資質がないといわざるを得ないでしょう。

ただ、この議論は外形的な部分で規制をかけることが不可能であり、また、第三者も経営者の心の内を切り開いてみることはできません。それがゆえに不正や粉飾はなくならないわけです。

伊豫田 ですから、そういうところにこそ監査の役割、つまり情報の信頼性をどのように担保していくかという話が重要になってくるのだと思います。このことは、近年、実際に監査のかかわる領域が拡大しつつあることを考えれば明らかでしょうね。

経済社会における監査の役割

伊豫田　日本監査研究学会の２０１５年度全国大会の議論(12)がそうでしたが、まさに経済社会における監査の役割が改めて再検討されるべき時期に来ているという気がします。八田さん、この点についてはどうですか。

八田　おっしゃるとおりで、ここでいう経済社会というのは、われわれ会計に身を置く者からみれば、やはり会計計算が成立する社会だということです。したがって、経済の動きを描写するためには会計のメカニズムが利用される。簡単にいえば複式簿記の原理で財務諸表が作成されてくる。それによって真実な情報を関係当事者が適宜適切に入手して、自らの意思決定を行っていくことになります。これがどこかで阻害されるとアンフェアな状況が生じ、ひいてはそれが国家財政にまで影響を及ぼす場合には、国の威信にも関わってくるという点で重要な問題になります。そのため、私自身、昔からいっているように、「経済活動あるところに会計があり、会計あるところに監査がある」という考え方は、時代とともに変更されるものではないと思っています。

(12)　日本監査研究学会第38回全国大会（2015年度）は、「公認会計士監査の再定義」という統一論題（座長は伊豫田隆俊）の下、９月10日～12日に青山学院大学（八田進二準備委員長）で開催された。

橋本　そういう意味では、経済社会における会計や監査の役割というのは、端的にいうと高まることはあれ、軽んぜられることはないのでしょうね。

八田　海外に目を向けてみると、そんなことは至極当然のことなのです。つまり、企業会計だけに監査が求められるのではなくて、国家財政であれ、地方自治体などの公会計であれ、ありとあらゆるところに経済活動があるわけですから、そこには適切な会計計算が必要で、その信頼性を担保する監査が必要だということは、誰でも知っていることなのです。

それくらいに重要な社会的インフラとして監査があるわけで、世界的にもそれを担っている監査人である会計プロフェッションに対しては、社会からは非常に高い敬意が払われていると私は思っています。残念ながら、日本ではそれがまだ途上の段階なのかなという気がしています。

橋本　わが国ではおっしゃったような監査人に対するリスペクトが乏しいというか、CPAに対する尊敬の念が足りないともいえるでしょうね。

八田　それは、大前提としてアカウンタビリティ概念、すなわち説明責任というものに対して、受入側も含めた当事者の意識が低いということでしょう。

経営者は株主から委託された資本を有効かつ効率的に運用したかどうかということの説明責任（アカウンタビリティ）を履行するために、財務諸表を作成して形式的には株式総会で承認を得るわけだけれども、実質的には監査をとおして説明責任を解除してもらうという流れにあります。逆に経営者は作成した財務諸表に対して監査人から正しいとのお墨付きをもらった場合には、堂々と胸を張ることができるのです。つまり自分も弱き人間、欠けている部分があり、信頼されていない部分があるかもしれない。それをちゃんと担保してくれるのが監査人だということから、アメリカなどでは、監査人に対しては、後で周りから疑念等が起きないように厳格な対応を求めるとともに、そのために必要なコストは支払いましょうという姿勢がある。この点は、わが国の経営者の考え方と大きく異なっているように思われます。

伊豫田　いまのお話しのように、諸外国においては監査がポジティブに捉えられているのに対して、わが国では、どちらかというとネガティブに受け止められているというわけですね。

橋本　内部統制の議論のときも同様に、コーポレート・ガバナンスやリスクマネジメントというとプラスのイメージで受け取られる一方で、内部統制はマイナスのイメージで捉えられる傾向がありましたね。

八田

そのとおりです。だから日本の場合には、自分の行動や活動についてもそうですが、自分が責任をもって作った財務諸表を第三者が重箱の隅をつつくように検証すると、多くの日本人は「オレのことが信用できないのか」、「私のやった活動に対して何か文句があるのか」と、まさにネガティブな捉え方をするわけです。そのため、監査を必要悪だと思っている人が非常に多いのではないでしょうか。これでは、スタートの段階で意識がだいぶ違いますよね。

橋本

監査の理解がまだ浅いということでしょう。政治資金の問題(13)にしても、適正な処理がなされていないということに対して、しかも「単なる事務処理的なミス」というように捉えられて、会計情報というのが、社会における重要な情報であるという意識が足りないように思えますね。だからこそ、その信頼性を担保する監査の仕事もリスペクトされない。アラ探しをするような、そんなふうにしか捉えられていない。そのために、監査が、制度は別として、実質的に日本の社会の中に根付かないという面もあるかと思いますね。

伊豫田

アラ探しという言葉が出てきましたが、これは本当にそのとおりですよね。つまり、監査を受ける方からすれば、自分の仕事のアラを探されるというイメージなのでしょう。監査人に対して積極的に自分の仕事をみてくれ、あるいは自分が行っていることをチェック

---

(13) 政治家が企業等から受け取った政治資金については、政治資金規正法の規定に基づき、登録政治資金監査人の監査済収支報告書と会計帳簿を総務大臣等に提出することが義務づけられている。

して信頼性を付与してくれという話ではなくて、監査人はどこか間違っているところを見つけようとしているのではないかと、経営者は、あくまでも監査をネガティブなイメージで捉えることが多いんでしょうね。

八田 宗教観の違いなのかもわかりませんが、キリスト教の下では、現世に生きているわれわれ人間は弱くて過ちを犯す者であるという視点に立っていますから、監査が導入されれば、人間の不完全な部分を補って改善提言をしてくれるといった受け止め方になるわけです。

橋本 新約聖書には「**不正な管理人**」(14)のたとえという教えがありますが、これは最も難解な箇所といわれています。

八田 日本は逆に、われわれは皆優秀で問題などないのだといった具合で、おごりや傲慢さがあるのではないかと思われます。それは、良い意味ではプライドないしは自信ということになるのかもしれませんが、それでは社会は納得してくれません。自分の行為を自分で正しいと主張しても、多くの関係者からの納得は得られません。つまり、「自己証明は証明にあらず」という言葉がすべてなのです。やはり第三者の客観的なお墨付きをもらうことで、晴れて名実ともに透明性・信頼性の高い結果が得られるわけです。そういった理解が早く経営者のすべてに浸透していってほしいと思いますね。

---

(14) ルカによる福音書16章1－13節。冒頭の2節は以下の通り（NKJ/新共同訳）。
イエスは、弟子たちにも次のように言われた。「ある金持ちに一人の管理人がいた。この男が主人の財産を無駄遣いしていると告げ口をする者があった。
そこで、主人は彼を呼びつけて言った。『お前について聞いていることがあるが、どうなのか。会計の報告を出しなさい。もう管理を任せておくわけにはいかない。』

橋本

そういう環境はグローバル化の世界においては、もうすでに大勢を占めているのであって、監査を正しく受け入れないような状況では「日本の常識、世界の非常識」といわれてしまう状況に陥ってしまう懸念が多分にありますね。

伊豫田

企業がグローバル化して外国人投資者が増えてくれば、「物言う株主」が増えてくる。そういう状況のもとで、会社の公表する財務諸表であるとか、それに関わる監査報告というのは、今後、ますますその重要性を高めることになります。当たり前のことがきちんとなされていない企業に対しては、海外からの投資は来ないだろうということは想像に難くありません。果たして、外国からみてわが国の監査は、一体どのようにみられているんでしょうね。

八田

なかなか難しい問題ですね。つまり、1つには、外国といったときに海外の人がどこまで日本の実態をつぶさに理解できているのかということ。答えは簡単です。ほとんど知らないと思った方がよいでしょう。では何をもって日本のことなどを知るかというと、多くの人たちは外電として主要なメディアが伝えるほんの一部の情報なのです。最近では国が公表するような報告書などの書類も、時期的に遅れはしますが、英文で公開されるものもありますが…。

２つ目として、監査先進国とされているアメリカ、イギリスなどの監査人のレベルについてですが、国際的な会議での報告内容とか活動結果をみると、相対的には日本の監査人の方が、レベルが高いのではないかと思う場合も多いです。もっといえば、監査法人で監査業務を行っている人たちは、精神的にも実態的にも独立性は非常に高いのではないかと、そんなふうに思っています。だから何も卑下する必要はないと思います。

ただ日本の場合、為政者も行政当局も、国内での批判が声高に起きてもあまり関心をもたない場合でも、海外からバッシングなどを受けると敏感に反応する。外圧には非常に弱いところがある。その点、ちょっとしたメディア情報で海外の関係者が発言すれば、日本の複数の有力な人がいうよりも影響力をもってしまう面がありますね。小さな指摘なのに、それによって大きな問題であるかのように過大に反応しているところもあります。

監査人の独立性について

伊豫田　独立性という言葉が出てきましたので、次に、独立性について話を進めていきたいと思います。財務諸表を作成する経営者と財務諸表を利用して意思決定を行う利害関係者との間には情報の非対称性があって、その情報の非対称性を利用した、いわゆる不正な会計操作によって財務諸表の利用者をミスリードするということがあり得るわけですが、経営者による不正な会計操作を防止する要件として最も重要なのが監査人の独立性と、先ほど八田さんがお話しされた倫理です。したがって、独立性が会社の実態を適切に表す財務諸表の作成・開示と密接な関係があることは間違いありません。

一般に、独立性は、**実質的独立性**[15]と**外観的独立性**[16]という2つの側面から論じられます。実質的独立性の方が重要ですが、それは監査人の内面の問題、つまり心の問題ですから、監査人が実際に実質的独立性を保持しているかどうかは外部の者からは窺い知ることができません。そこで、外観的独立性、つまり監査人と被監査会社との間に特別な利害関係がないことをもって、独立性を担保していこうという仕組みになっているわけです。総じて、わが国の監査人の独立性は、他国と比べて何ら遜色がないと思っていますが、八田さん、いかがですか。

---

(15)　実質的独立性とは、監査人が監査のさまざまな段階ないしは局面において判断を行う際に要請される心の状態をいい、被監査会社や特定の利害関係者からの意見や働きかけに惑わされることなく、職業的専門家としての信念に基づいて客観的かつ公平な判断を行うための心の状態をいう。

(16)　外観的独立性とは、監査人に実質的独立性が欠けるという疑いや印象を利害関係者に与えないために、監査人自身が保持すべき外見上の独立性をいう。

八田

独立性の議論には、ご指摘のとおり2つの側面があって、みえる形での外見的な部分、それとみえない形での精神的な部分がある。特にみえない部分の独立性の究極的なものが判断の独立です。

日本の場合、公認会計士が行う財務書類の監査の大半は、世界に類をみない組織形態の監査法人によって行われてきています。この監査法人というのは、監査のみを独占的に行う会計事務所として位置づけられていますが、もはや、その段階で形式的ないしは組織的な部分での独立性はかなり強化されているという気がします。

それに対して他国ではアカウンティング・ファームですね。ただ業務の間には垣根を作っていて、監査業務を提供している同じ会社に対して税務やコンサルティング業務を同時提供してはならないという、そんな議論はあります。

橋本

必要なのは、ファイヤーウォールを置くということですね。ただ、大手の会計事務所の場合には、特に、コンサルティング業務等については、別法人に移管しているところも増えてきているのではないでしょうか。

八田

そうですね。

でも、いかなる形態をとるにしても、結局、最後は監査人の精神的な部分が重要になる。

それは先ほどの判断の問題と同じで、すべて社会科学というか人間社会における経済行為の最後の究極的な問題というのは、やはり、人間の精神的な問題に行かざるを得ない。そこに重大な課題が残っているわけです。

伊豫田　精神的な側面ということでいえば、監査人のプロフェッションとしての使命感とか、倫理観だという感じがしますね。これらが揃って、初めて実質的独立性が担保されるわけですよね。八田さんは、かねてから倫理に関しては学問的に造詣が深いわけですが、この倫理と独立性について、どうお考えですか。

八田　なかなか難しいですね。ただ見方によれば、倫理と独立性はほぼ同心円の中に入ってくる議論であろうと思います。

独立性の議論というのは、監査論の教科書においてずっと言われ続けてきた監査上の中心的な問題です。一方、職業専門家としての監査人にとっての倫理については、代表的な議論として、1961年のマウツの**『監査理論の構造』**[17]の中で1章を割いて「倫理的行為」について論じられている研究書を挙げることができます。かつて私もマウツの監査研究に傾倒したこともあり、ご本人に会いたくて1978年にコロラド州のデンバーで開催されたアメリカ会計学会に参加したくらいです。その折にご本人からサインももらいましたが……。

---

(17)　Mautz, R.K., and H.A. Sharaf両教授の執筆した*The Philosophy of Auditing*（近澤弘治監訳『監査理論の構造』中央経済社、1987年）は、監査論を1つの独立した学問として体系化し、その理論を確立しようとした意欲的な研究書であり、監査の制度と実務を踏まえながら監査の本質論を展開した文献として、近代監査研究におけるマイルストーンに位置づけられる古典的名著である。

このように、倫理について海外では古くから議論されてきたテーマであるはずなのに、日本では残念ながらほとんど議論されてきていません。

橋本
マウツ先生といえば、私も1989年にイリノイ大学のセミナーでお目にかかったとき、名著にサインをしていただき、一緒に写真も撮っていただきました。

八田
そうでしたね。その写真は私が撮影しましたから（笑）。
ところで、日本では倫理に関する研究がみられない証拠に、博士課程のときに指導を受けた山桝忠恕先生からは、私が職業倫理について研究をしたいといったときに、「君ね、倫理はエチケットです。人間としてのエチケットは社会科学の研究対象にはなりません」

八田（左）とマウツ博士（1978年）。

橋本（右）とマウツ博士ご夫妻（1989年）。

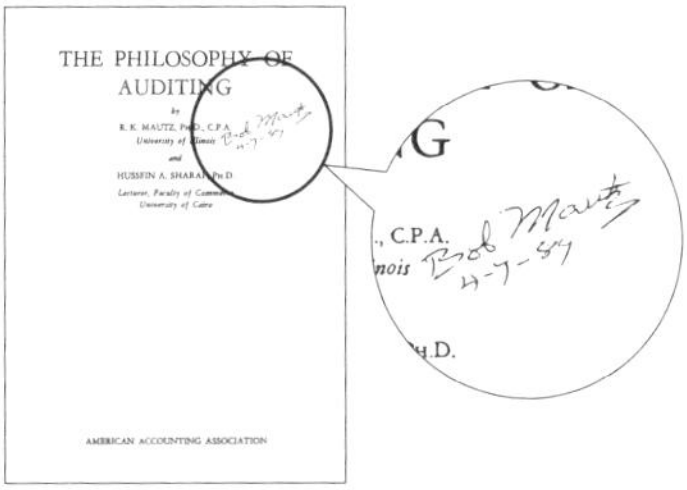

原著*The Philosophy of Auditing*の中扉。タイトルの右下はマウツ博士の直筆サイン。

といって、その研究の継続を差止められました。これはいまでも忘れません。そういう具合で、プロフェッションにとっての倫理研究というのは日本では歴史があるわけではありません。

日本の場合、公認会計士の倫理というのは、日本公認会計士協会の自主規制の中で**「倫理規則」**(18)を規定して、いわば同業者組合の中における掟として、仲間内の決めごととして定めればいいのではないかというように理解されているふしがあります。

そうでなくて、独占的に監査業務を担う監査人として高度な倫理観を備えているということを、社会に対して宣言することが不可欠なのです。それがあって初めて、社会から全幅の信頼を得ることができるのだという、監査人の立ち位置における枠組みとして議論されはじめたのは、まだそんなに長い歴史があるわけではないと思いますよ。

橋本

確かに、イギリスでは、会計専門職が芽生えた頃に、専門家としてのエチケットという形で倫理が取り上げられていたようですからね。その後は、倫理は、むしろ専門家の間での教育・訓練の対象として捉えられてきたということなのでしょうね。

八田

そのとおりです。

伊豫田

私は、法律により独占的に監査業務を認められているという点が非常に重要だと思って

---

(18) 日本公認会計士協会が、職業的専門家として遵守すべき職業規範を会員に対し明示している規則をいい、「使命の自覚」、「職責の基準」、「品位の保持」、「会員および準会員の遵守すべき倫理」および「監査業務における禁止行為」等に関する規定を設けている。

います。では、なぜ公認会計士が財務諸表監査の主体として独占的な地位を与えられているかといえば、それは公認会計士であれば監査を任せても大丈夫だという社会的な信頼性があるからです。したがって、公認会計士の方では、そうした社会からの信頼を裏切らないためにも、きちんと倫理を備えなければならないわけで、ここはやはり表裏一体のような気がするのです。倫理を欠いたまま、例えば監査人の専門性といった技術面に目を向けたとしても、議論の中身は薄っぺらなものになってしまうという気がしますね。

橋本　この倫理観をどのように育み、向上させ、具備させ続けるか。これはなかなか難しい問題ですね。会計大学院においては、職業倫理、会計倫理教育が重視されていますが、まさに教育の部分で人材育成において、われわれが果たすべき役割は大きいと思いますが。

伊豫田　ただ、その教育についてですが、専門家としての倫理教育に携わる教員が勝手気ままに教えればいいというわけではなくて、やはり倫理に関する理論的・体系的な基礎がなければ、社会からの期待に応えるような倫理教育はできないわけです。そうしたことを念頭に置きながら、職業専門家としての倫理の問題を会計研究・監査研究に取り込んでいく必要があるという気がします。幸い、日本監査研究学会でも倫理に関する研究が盛んになりつつありますが、これは良い傾向とみてよいのでしょうね。

八田　そうでしょうね。まず監査人の倫理の問題が研究対象として俎上に載ってきているということです。またそれなくして、監査人、ひいては会計プロフェッションの存在意義が語れないというところまで来ていますからね。

実際に、いろいろな専門領域がありますが、いまや、それらの専門領域の職業のすべてにおいて、例外なく倫理問題は提起されていると思います。たまたま自分の専門領域である会計と監査をみていると、公認会計士および監査人の議論の中では、他の領域に比べて、一歩も二歩も先んじて倫理問題が提起されているのではないかと思います。法曹倫理や医の倫理もありますし、最近では研究者の倫理などというのも大きく取り上げられています。つまりプロとして、その道で独占的に社会的に重要な役割を担っている人たちには共通の課題だと思います。

橋本　まさに、職業の倫理といわれる所以ですね。会計や監査の判断を的確に行う上で、倫理はバックボーンといえます。また、会計プロフェッショナルは、倫理とは一生の付きあいというか、生涯にわたって持続的向上を目指すような、いわば全人格的、長期的、段階的、現実的、そして実践的な取組みが求められるでしょう。

監査は企業の不正を見抜けるか

伊豫田

それでは、次に監査の目的について論じていきたいと思います。いままで議論してきたように、財務諸表監査の目的は、財務諸表の適正性に関する意見表明、つまり監査人は経営者の作成した財務諸表が企業の財政状態、経営成績、キャッシュ・フローの状況をすべての重要な点において適正に表示しているかどうかについての結論を意見として表明することです。ただ、近年では、そうした財務諸表の適正性に関する意見表明という目的だけでなく、企業による不正の摘発への関与が監査の重要な目的として認識されるようになりました。**2002（平成14）年の監査基準の改訂**(19)に際して、監査はこれまで以上に不正摘発に積極的にコミットしていくべきだという議論があって、そうした主張を採り入れる形で監査基準の改訂がなされたわけです。

八田

その意味で平成14年の監査基準の改訂は画期的な意味をもっていますね。

伊豫田

さらに、昨今の会計不正の発覚を契機として、改めて企業による不正問題がクローズアップされ、2013（平成25）年の不正リスクへの対応を念頭に置いた監査基準の制定へ

(19) 2002（平成14）年に改訂された監査基準は現行監査基準の基礎として位置づけられるものであって、それ以前の監査基準の構成と内容を大きく変革するものであった。その主要な改正ポイントとして、不正を発見する姿勢の強化、ゴーイング・コンサーン問題への対応、リスク・アプローチの徹底、新たな会計基準への対応、監査報告書の充実といった点があげられる。また、新たに「監査目的」が明示された。

と結びついていったわけですね。そこで、果たして監査によって企業の不正を発見できるのか。あるいは、そもそも企業の不正を発見するのが監査の目的として捉えられるのかどうかというのが、世情を騒がすホットイシューになっているわけです。果たして、監査は企業不正に対してどのように関与すべきなのでしょうか。

八田

何といっても、不正問題が大きくクローズアップされたのは、21世紀初めのアメリカで起きたエンロン社の不正会計問題だったと思います。それまでも、またそれ以降も不正は後を絶たないわけですが、当時最も高品質の会計基準をもっているといわれていたアメリカにおいて、相次いで上場企業において会計不正が生じた。その結果、不正を見抜けない監査、あるいは不正を防止できない監査は不要だという空気すら出てきてしまった。

橋本

エンロン事件が起きた2001年に私は大学での在外研究期間中で、アメリカにいましたが、9・11の同時多発テロとともに、エンロン社の倒産は衝撃的な出来事でした。21世紀のスタートを切った矢先に資本主義の総本山であるアメリカで一連の会計不祥事が勃発したことは何とも皮肉なことでした。その後、会計・監査制度の改革に向けて政治の世界でも大きな動きが始まるのです。

八田

これまでにも、監査によって不正をできるだけ発見し抑止するという議論はありましたが、そこで再び監査がクローズアップされたのです。ただ、従来のように「財務諸表監査の目的は適正表示の監査であって、不正の摘発・発見は副次的目的である」などといっていてはダメだといった風潮がみられました。それどころか、不正を発見することが監査の主目的ではないかという議論も実はありました。

橋本 確かに不正捜索型（フォレンジック・タイプ）の監査が必要だといった考えも示されるようになりましたね。

八田 ただ、誰が不正を犯すのかということを考えると、これは監査人が犯すわけではなく、企業の関係者なのです。さらに、財務報告不正の約8割は経営トップがコミットした不正だという現実をみたとき、ここに何か抑止力を働かせないと、不正はなくならないと思うのです。「なくならないのはわかっているから、それを監査人に発見してもらいたいのだ」というニーズも確かにあります。しかし現行の制度上の監査人の立ち位置として、強制的な捜査権があるわけでもなく、あくまでも任意の立場での検証なのです。つまり、監査というのは、企業との間の信頼関係と円滑な協力関係の下に、互いに役割分担を図った上で成立しているものといえます。したがって、最初から組織的に監査人をダマしていくといった場合、そうした不正を限られた時間、限られたマンパワーの中で発見するのは至難の技だということです。

しかし、不正を発見できないときに、その金額等が巨額で、情報利用者の意思決定材料としてあまりにも不当な情報となってしまった場合、その影響の大きさから監査人の責任が問われる可能性は高いでしょうね。それすら免責されるというのであれば、本当に監査が要らないということにもなりかねない。そのへんの識別は、確かに必要なのだと思います。

伊豫田　その意味でエンロン事件が及ぼした影響は非常に大きいと思いますし、それを契機に作られたサーベインズ・オックスリー法（SOX法）[20]がその後のディスクロージャーに及ぼした影響も、また非常に重要な意味があると思います。

橋本　そうですね。SOX法が制定された背景というのは、やはり会計プロフェッションの自主規制に任せておいたのではもうダメだと社会がNOを突きつけて、それが政治を動かし、法律の形で改革がなされたのではないかと思いますね。会計プロフェッションの側では、やはり不正の発見に限界があるという意識がぬぐいきれない。そこで、準公的な機関である**公開会社会計監視委員会（PCAOB）**[21]を創設して、監査の厳格化が図られたのだと思います。

一方、財務諸表監査は、確かにそれだけでは限界もある。結果としてのプ

---

(20)　2001年のEnron社による巨額不正事件の発覚を契機に、企業で相次ぐ会計不祥事への対応として制定された企業改革のための法律で、法案を提出したポール・サーベンス（P. Sarbanes）上院議員とマイケル・G・オックスリー（Michael G.Oxley）下院議員の 名前を付した法律である。「上場企業の会計改革および投資家保護法」と呼ばれる。企業会計・財務諸表の信頼性確保を目的として、監査人の独立性強化、コーポレート・ガバナンス（企業統治）の改革、情報開示の強化、および説明責任等に関する規定が設けられている。

(21)　公開会社会計監視委員会（PCAOB）は、公開会社の監査を担当する監査人を監督する目的で設置された機関であって、公開会社の監査を担当する監査人に対して当該委員会への登録を義務づけるとともに、登録会計事務所による監査の品質管理の状況などを評価すべく、定期的に検査を行ってその結果を公表するとともに、必要に応じて制裁を行う。

ロダクトだけではなく、それを生み出すプロセスにも目を向けようということで、企業の側で、最低限間違いがない財務情報を作成・公表する上で内部統制が重要になってくるわけで、そのことが**内部統制報告制度**(22)の導入につながったのだと思います。

八田　不正の議論をする場合に、それと密接不可分の関係にあって絶対に見落としてはならないキーワードが1つあります。それは「重要性」です。監査基準の中においても「重要な虚偽表示」という言葉を使います。つまり、監査ではすべての虚偽表示を対象としているのではなく、重要な虚偽表示は見落としてはいけないとされている。だから不正も「重要な不正」に関しては見落としてはいけないわけです。

伊豫田　では、重要性とは何かというと、実はこれも非常に難しい問題で、形式的に数量レベルで把握する基準と質的なレベルで把握する基準の2つがあるわけです。監査人側と経営者側、それに経営者側と利用者・投資者側との間で、こうした基準についての共通の理解が得られていないと重要性の認識にズレが生じてしまう。一方が重要だと思っていても、他方がそう思っていないということになれば、混乱が生じることになってしまう。重要性に関する共通認識がないと、そこでまた期待のギャップが生じてしまうことになります。

八田　ものすごく割り切って考えると、監査上の重要性とは、少なくとも適正性を確認する対

(22)　内部統制報告制度とは、財務諸表の信頼性だけでなく、財務諸表が作成されるプロセスについても、それが信頼できるものであるかどうかを確認することを目的とするもので、経営者が財務諸表の信頼性にかかる自社の内部統制の有効性についての評価報告書を作成し、財務諸表監査を担当する監査人が、その評価結果としての内部統制報告書に対する監査を行う仕組みである。金融商品取引法は、すべての上場会社に対して2008年4月に開始する事業年度からの適用を義務づけた。

象となっている財務情報を利用する者にとって、彼らの意思決定を変更させるほどの影響をもつ場合に「重要性がある」のだと思っています。

荒い言い方をすると、利益の水増しがなされていた場合に、2000億円が正規の当期純利益、それが2200億円に水増しされていたとか、あるいは1800億円に過少計上されていたとします。この200億円の差額は純利益の1割に相当するため、金額的には巨額かもしれませんが、投資家や債権者はこの情報をみて何か意思決定が変わるでしょうか。実際には、ほとんど変わらないと思います。そうすると、庶民感覚では重要性があるとしても、会計・監査上はあまり重要性がないと考えられます。ただそれはたまたま2000億円の純利益の会社だったから200億円が重要ではないといっているのであって、これが100億円の純利益しかなかったときの200億円であれば、これは大いに重要性があります。このように、重要性というのはケースバイケースで違ってきます。だから非常に難しいのです。

伊豫田　会計においても監査においても、重要性がさまざまな局面でキーワードになっているのは事実ですし、重要性の定義が利用者の意思決定に影響を及ぼすかどうかで判断されるというのもそのとおりですね。重要性をどう捉えていくか、その捉え方いかんで期待ギャップの生じる可能性があるという問題もご指摘のとおりです。ですから、この重要性の問題は、会計や監査の世界においては常に重要なテーマになるんですね。

橋本
まさに重要性についての議論が重要だということです（笑）。

伊豫田
ところで、不正に関していうと、昨年来世情を賑わしている大手電機メーカーによる不適切な会計の事件は、工事進行基準・工事完成基準といった工事収益の認識・計上に関わる会計基準の適用のあり方と、こうした基準の適用にあたっての財務諸表作成者による恣意的判断に起因したものであったわけです。会計の専門家には非常にわかりやすい話なのかもしれませんが、経営者の見積りの適切性や妥当性を監査人が判断するというのは、それほど簡単な話ではないですよね。あれは不正の手口としては難しいものなのでしょうか。

橋本
いわゆる**工事進行基準**(23)を使った不正というのは、これまでは盲点だった新しい形の不正ですよね。見積りが絡んできたり、期間配分の問題があってどの期間にどういう利益を計上するかという問題なので、単純なものではないかもしれませんね。

これも会計基準を厳しくしても防げない部分でもあるし、監査手続を増やして対応できるかというと、なかなか難しい面もある。会計とか監査の限界を露呈する部分もあるのかもしれません。なかなか全容はみえてきませんが、金額もかなり大きく、同じような金額で粉飾決算として問われた事例もありますので、そういったバランスも考えるとなると一筋縄ではいかないのかもしれません。

(23) 工事進行基準は、建設業などにおける長期請負工事にかかる収益の認識基準の1つであり、収益認識に関して実現主義ではなく発生主義を適用する方法である。毎期の工事収益を工事の進捗度（例えば、当期の実際工事発生原価と見積総工事原価との割合）に応じて計上していく方法である。

八田

ご指摘のとおり、ここでの論点の1つは見積りの問題です。もともと受注するときに総見積原価を算出して工事進行基準を使うということは、複数会計期間にまたがって入金がなされる。単年度でみるかぎり途中までの進行状況なり実際にかかった原価、これとその段階でまた将来的な総見積原価を再計算するかどうかを含め見積りの要素が多分にあるわけです。したがって、工事進行基準の監査が非常に難しいということ。つまり、経営サイドの裁量の幅が大きいことから、監査上は重要なリスク項目と捉える必要があります。

もう1つの論点は、監査人が納得できる証拠を得たかどうかということです。ただ、監査人は、作成者側の人間ではないので、会計資料等を作成している人、あるいは会計事実を認識、測定して会計処理をする人の説明を受け、その説明に整合性があり、エビデンスもしっかりしているという場合に、疑念をもって「いやそうじゃないでしょ」といえるかどうか、これは難しいでしょうね。いわんやいまご指摘の電機メーカーの事例の場合には、歴史も長く、誰もが知っている超優良企業といわれている。そこの優秀なスタッフ陣が関わっている処理等に対して、本当に疑念を表明できるかどうか。やはり難しい問題です。

橋本

減損会計でも回収可能価額として使用価値を用いる場合には、会社が算定した価値に対して高すぎると指摘するのは難しいでしょうね。

伊豫田　会計処理を行う際の基準の選択・適用に際して経営者の裁量の余地が増えてくる。そういう項目として工事進行基準もあるし、減損や退職給付の問題もあるでしょうし、あるいは繰延税金資産もある。会計でいう収益費用の配分や資産評価に関わる部分ですが、これらは一般に不正リスクの高い項目であって、監査基準では、場合により、**特別な検討を要するリスク**(24)として扱われる部分なので、特に注意してみていかなくてはならないはずですよね。それなのに、今回の事件では、なぜ監査人はそこを見落としてしまったのか。もう少し懐疑的にみる必要があったのではないかと思うのですが、八田さん、この点はいかがでしょうか。

八田　それは懐疑的というより、保守的にみるかアグレッシブにみるかによって違ってきますよね。監査人が行う検証作業では、基本的に経営判断の原則に従うことになりますが、それが特定の限られた人、限られた情報の中で下された判断であれば、これは非常に恣意性が高いということで、監査人としてももっと掘り下げた検証を必要とします。しかし、デュープロセス（正当な手続）が踏まれた上での判断であり、全社的に認めていて、トップマネジメントの取締役会にも報告されていて、その判断プロセスに特に問題がなく、加えて取締役会に出席していた監査役の方からも、監査役監査の段階においてクレームが付いていないときに、外部の人間がそれを懐疑的にみることが求められるのかどうかという問

(24)　特別な検討を要するリスクとは、例えば、複雑な取引、関連当事者間取引や非定型的取引のうち重要なもの、または測定の不確実性が広範にわたるものなど、主にその質的側面により、識別し評価した重要な虚偽表示のリスクの中でも特別な監査上の検討が必要と監査人が判断したリスクをいう。

題もありますよね。

伊豫田

ただ、今回の事件はそういう意味で非常に大きな教訓になってくると思いますね。おそらく、今後同種の事例に対しては、監査人もいままで以上に慎重にみていくことになるでしょうし、あるいは監査役との連携も非常に重要な問題になるので、おそらく今後の監査実務に非常に大きな影響を及ぼすと思います。

結局、何か問題が起こるとそれへの対応として制度の見直しが検討され、具体的な基準の改正が行われるんですね。先ほどのエンロン事件の話とも重なりますが、例えば、今回のような事件がアメリカで起きたとしたら、わが国での対応とは違って、それは会計プロフェッショナリズムの危機というように捉えられることもあるんじゃないでしょうか。

八田

まさに危機でしょうね。アメリカでは、かつては、公認会計士協会を中心とした自主規制機関が会計基準だけでなく監査基準も、また、倫理規則も作っていた。私などはその頃に勉強を始めていますから、これがプロフェッションとしてのあり方なのかなという理解をもって、日本の制度もそういう方向に行くべきだと思っていました。しかし、結果的に会計基準の設定権限は1973年にFASBに取ってかわられました。さらに、2002年のSOX法によって監査基準や倫理規則等の設定権限も、新しく立ち上がったPCAOBに移管されました。という具合に、エンロン事件をきっかけにアメリカの会計プロフェッションの自主規制は、ある意味で終焉を迎えたのです。

橋本 エンロン事件を契機とする不正な財務報告・監査の問題は、アメリカでは証券諸法が制定された1930年代以来の最大の危機として深刻に受け止められていました。そして蔓延した会計不信を一掃するために、自主規制から公的規制へと大きく方針転換がなされたということですよね。

伊豫田 要するに、アメリカでは会計に限ったことではなく、プロはまさにプロであるがゆえに、社会的に高いプレステージを与えられるというところがあるわけです。アメリカでは、プロフェッショナルに対する社会的リスペクトはきわめて高い。メジャーリーガーでもバスケット選手でもそうです。公認会計士に対しても同じであることはいうまでもありません。それがエンロン事件で大きく傷が付いてしまい、公認会計士に対する社会的信頼や、リスペクトはすっかり地に堕ちてしまいましたね。

八田 救いがあるとすれば、SECであれPCAOBであれ、またFASBであれ、結局、会計や監査の専門領域に関わる業務に就いている人たちの多くが、公認会計士資格を有する会計プロフェッションだということです。公認会計士であれ弁護士であれ、プロフェッショナルが役割と立場を変えて、官のレベル、規制のレベルに入っているわけで、やはりプロフェッションがリスペクトされるという構図は変わっていないと思いますね。
それに対して、日本では行政当局や規制当局に果たしてそういったプロフェッショナルがどれくらいいるのか。よくいわれるように、プロが行った専門的な仕事を素人が検査できるのかといった課題もあります。ただ、最近では官民交流などという形で大手監査法人から行政機関に出向したり、そのまま転籍するような事例も出てきており、少しはそういったプロフェッション重用の流れが出てきたのかもしれません。ただ戦力的には、まだまだアメリカの域には達していませんが…。

伊豫田

わが国には「餅は餅屋に」という言葉があって、社会は専門家をそれなりに評価しているようでいて、実は、あまり高く評していないところがあると思います。むしろ、専門家を使いこなす立場にある人たち、組織内の総合職とか総合事務的な役割をする人たち、これを官僚と呼んでしまってはお叱りを受けるのかもしれませんが、そういうジェネラリストの立場にある人たちの方が、力をもっているというか、より高い地位にあるような気がしますね。ですから、専門家に対する社会の意識とか、社会制度の建付における専門家の位置づけといった点がアメリカとは根本的に違っているような気がします。

橋本

スペシャリストだ、職人だということである意味では評価しているようですが、実は見下されているような部分というのはなきにしもあらずですね。

伊豫田

その昔、士農工商という言葉があったわけですが、公認会計士という資格の名称にある「士（さむらい）」という字からすれば、専門家である会計プロフェッションは、文字どおり社会的に高いポジションにあっても良さそうなものです。しかし、わが国では必ずしもそういう状況にはない、なぜでしょう。

八田

プロフェッションというのは、本来は社会的にも上位に位置する「士」のはずです。アメリカでも会計士業務は19世紀から始まったのですが、倫理研究の創始者でもある**ジョン・L・ケアリー**の有名な会計プロフェッションの書物の中に「From Technician to Professional」という副題が付いた本(25)があって、会計士は、技術屋といった職人からプロフェッショナルという専門家になるべきだというのです。これがアメリカの歴史です。

日本のプロフェッションは、もともとお上から与えられた資格を有するということでのプロなわけです。つまり、専門職業人の方も、自助努力によって汗を流して勝ち得たプロとしての地位ではないということです。アメリカは会計士協会が会計基準を作ってきており、SECはそれに承認を与えてきたのです。監査業務についてもSECが会計士にその権限を与えているだけで、監査の失敗が続けばSECがその権限を取り上げてしまうこともあり得るのです。日本の場合は、そもそも法律によって監査権限を会計士に与えていますから、それはできないのですが。

---

(25) John L.Carey, *The Rise of the Accounting Profession－From Technician to Professional 1896-1936,* AICPA N.Y., 1969. 2分冊からなり、1937年～1969年をカバーした第2分冊には、To Responsibility and Authorityという副題が付いている。

公認会計士が果たすべき社会的役割

伊豫田　先ほどから、監査がわれわれの経済社会で大変重要な役割を果たしているという話をしてきましたが、すると当然のことながら監査に携わる公認会計士も社会的に重要な役割を果たさなければならないということになります。これまで公認会計士は財務諸表監査や会計に関わるさまざまな仕事に携わってきたわけですが、今後、その活動領域はますます広がると思います。公認会計士の業務拡大という点に関して、橋本さん、国際的にはどのような状況なのでしょうか。

橋本　東南アジアに行くと女性の会計士が多いですね。日本ではまだ割合でいうと14％程度ですが、アメリカでも半分くらいかな。アメリカの公認会計士試験合格上位者に与えられる**「エリジャー・ワット・セルズ賞」**(26)の受賞者のほとんどは女性が占めているという例もあります。

日本の場合にはどうしても大企業や上場企業を相手にするというイメージが強いので、地方などに行くと公認会計士の認知度はそれほど高くない。税理士の方がかえって中小企業では存在感があるという面もあります。

(26)　1923年に創設された賞（Elijar Watt Sells Award）で、アメリカ公認会計士試験の成績優秀者に授与される。セルズ氏は、ハスキンズ・アンド・セルズ会計事務所（現在のデロイト・アンド・トゥッシュ会計事務所）の創立パートナーでもある。

公認会計士の仕事のPRとして何が必要なのかということについて、もう少し上手な方法もあるのではないかと思っています。いろんなテレビドラマでも医者とか弁護士が主人公のものはたくさんありますが、会計士が主役として登場するものはあまりありません。不正を見抜くという形で、いまひとつメジャーになっていないというところがありますね。

それに引き替え海外ですと、いろんな事件の映画化されたものでも例えば**『アンタッチャブル』**(27)など、不正の端緒を会計士が見つけて不正の全容を解明したとか、あるいはアカデミー賞の舞台などでも会計事務所が80年以上にわたり投票の管理をしているというふうに、会計士がハリウッド最大のイベントの最高レベルの正確性、客観性、機密性を保持する重要な仕事をしているということがPRされております。

八田　ホームページなどをみても日本の会計士協会とか監査法人のホームページはちょっと地味な印象がありますね。もう少しインパクトのあるような、社会における認知度を高めるようなPRができないものでしょうかね。不正があると注目されるというのではなく、もっと良い面で認知度を高める活動が期待されます。やはり公共の利益に資するという側面から、公認会計士はパブリックアカウンタントという名称が付いていることからも、もう少し、社会的に意義のある仕事をしているというイメージを定着させるべきではないかと思います。

---

(27) 禁酒法時代のアメリカ・シカゴを舞台として、正義のためにギャングのボスであるアル・カポネを逮捕しようとするアメリカ財務省捜査官たちのチーム「アンタッチャブル」の戦いの日々を描いた実録映画であるが、この中で、公認会計士が不正の端緒をみつけるという活躍をしている。

伊豫田　監査から派生するさまざまな業務への拡張ということもあるのでしょうが、八田さん、アメリカに留学されていたときに、公認会計士や監査人に対する社会の理解や認識が、わが国と大きく違っていると感じられたことはありますか。

八田　確かに、日本の場合、地方に行くと公認会計士の認知度はけっして高くないですね。それよりも税理士の方が知られているようです。なぜかというと、公認会計士というと本来の主要な業務が法定監査であり、そうした監査の大半は監査法人が担っているわけですが、その監査対象企業は大都市に集中しているからです。では地方にいる公認会計士はというと、監査業務ではなく税務業務中心で、いわゆる税理士業務をしているからです。

つまり、日本では、会計専門職として公認会計士の他に税理士という制度がある。ただ、ともに会計的専門知識をもった職業人だということで、これを1つに束ねることがあってもよいのではないかと思っています。その場合、監査を専業とするのか、税務代理を専業とするのかの区別をして、それぞれに見合った規制を行うことは必要でしょうが…。

それからもう1つは、監査業務を専業とする監査法人を実態に合う形で再編することが必要だと思います。海外の場合にはアカウンティング・ファーム、つまり会計事務所として、監査以外に、経営コンサルティングや税務業務をやっており、組織の収益基盤をみても、日本の場合と比べて大きな違いがあります。

橋本

ちなみに、大会社や上場会社ないしは公開会社などの法定監査対象の会社というのは、毎年毎年そんなに数が増えるわけではなく、その国における法定監査報酬総額というのはほとんど飽和状態にありますよね。その限られた大きさのパイを皆で奪い合っているわけです。ところがそれ以外の税務業務とか、とりわけ経営コンサルティング業務については、クライアントの意向に従って収益基盤を拡大させることが可能なのです。監査の状況を比べてもまったく事情は異なっているのです。そういう環境の中で監査ガンバレといっても、なかなかこれには限界があるということでしょうね。

伊豫田

そのような状況をもう少し変えることはできないのでしょうか。監査人が経済社会の発展に積極的に関わっていくという側面、例えば、小さな企業を育成しながら上場へと導いていく、いわゆるＩＰＯですね。そして、それらの企業を監査していく。その道筋をずっと見守っていくような、つまり最近よくいわれるベンチャーの育成に関わっていくということですね。こうしたことに公認会計士がもっともっと関わっていくのが望ましいのではないでしょうか。

橋本

わが国では、公認会計士イコール監査という、きわめて限定された見方がなされてしまっていますが、こうした考えはアメリカではみられない。むしろ、会計専門家としての側面の方が強く表れているように思います。

伊豫田

わが国のように成熟した資本主義経済社会において経済をダイナミックに動かしていくためにはベンチャー企業が非常に重要でしょうし、そうした企業が大きくなることによって経済は発展してきたわけですよね。戦後世界的な企業になったトヨタやソニーだって、あるいは京セラだって、もとはといえばその出発はベンチャー企業だったわけですから。銀行がリスクをとってベンチャー企業に資金供給を行い、それらの企業を育ててきたのです。かつてわが国では、メインバンクを中心とした間接金融が中心でしたから、銀行が金融仲介機能を果たしていたわけですが、近年は、規模の小さい企業向けの資本市場も用意されていることから、設立間もないベンチャー企業でも、比較的容易に投資家を募ることができるわけです。まさにこうしたところに会計専門家としての公認会計士の活躍する余地があるように思います。

八田

大いにあると思いますね。公認会計士とか税理士という国家試験に受かった専門職がすべて会計事務所に所属する必要はまったくないわけです。例えば企業内会計士、コンサル業務、研究職や教育職、さらには、行政職など、活躍の場はたくさんある。そういうところに根をはって切磋琢磨するような環境が訪れればよいのではないかという気がします。ただ日本の場合、制度的に、公認会計士の最終ライセンスをとるためには試験に受かるだけではなく、実務経験としての業務補助が求められる。監査業務の補助を実際に行わなければならない。そうすると、試験だけ受かって監査法人以外の産業界に行ってしまったとなると、多くの人が最終資格の取得まで到達できないおそれがある。その意味で、日本の公認会計士試験はイコール公認監査人養成試験でもあるわけです。ここに一番のネックがあると思っています。

橋本 日本人の場合、やはり監査が中心になるのでしょうね。アドバイスや判断するというコンサルティングには向かないのかもしれません。監査というルーティンのお決まりの仕事には強いけど、想像力を働かせたり、人にアドバイスしたりコンサルしたりという判断の面では弱いというところがありますね。

海外に行くと監査はつまらないからコンサルティングをやりたいとか、あるいは税務、それも国際税務の世界で活躍したいというような人も多いですね。

日本の場合はやはり監査が基本で中心となっていて、だからこそ独立性の議論もうるさくいうわけです。コンサルティングや税務の世界では独立性についてはさほど必要とされない。いわゆる会計士の資質でありますので、そのへんの日本の監査や会計専門家の職域の狭さがある。そのあたりも監査が発展しない1つの要因なのかなと思いますね。もっとも最近では、日本の監査法人も全報酬に占める監査報酬の割合が過半数を割るところも出てきているようですが…。あるいは、監査でも金融機関の監査を希望する若い人が増えてきているという声も聞かれます。

伊豫田

監査が発展しないというより、公認会計士自身が自ら仕事の領域を狭めてしまってるんじゃないかなと思いますね。先ほどお話しにあったように、ＣＰＡというのは公認「会計士」なんですね。だけど、日本では公認会計士イコール監査人になってしまっている。だから、公認会計士イコール監査なのではなく、公認会計士は、文字どおり、会計に関わる多くの仕事にもっと積極的に関わっていくべきだと思います。どうも、制度監査という仕事の枠組みの中に安住しているような気がしてなりません。

繰り返しになりますが、ベンチャー企業を育てていくのも公認会計士ならば、大きく育ったベンチャー企業の監査を行うのも公認会計士なんです。実は、公認会計士が携わるべき業務範囲は広いのに、わが国の場合には、自らそれを限定してしまっているという感がしないでもありません。

八田

そのことと関連して、日本の監査法人制度自体が、海外の会計事務所とは成り立ちが大きく違います。監査法人制度は、１９６６（昭和41）年の公認会計士法改正のときに創設されたのですが、その背景には、監査人の独立性違反の問題がありました。実は、**正規の財務諸表監査**(28)と称して、日本で本格的な財務諸表監査が始まって数年経ったときに複数の粉飾事件が発覚しました。そのほとんどの事案において、個人の立場での監査人が会社の

(28) わが国では、1948（昭和23）年に制定された証券取引法（現在の金融商品取引法）に基づきアメリカ流の公認会計士監査が導入されることになったが、かかる監査に馴染みがなかったわが国の企業に対して即時実施を義務づけることは困難であると考えられたことから、まず、1951（昭和26）年に監査の受入体制の整備を目的とした監査を行い、その後、漸次的に監査の適用範囲を拡大しながら、最終的に1957（昭和32）年１月１日以降から全面監査（正規の財務諸表監査）を実施した。

不正を黙認したり、場合によっては共謀ではないにしても、ある程度手を染めていたりして、いまの言葉でいうなら明らかに独立性を喪失していたのです。それを排除するための対応策として、個々の会計士に依存するのではなく、高い独立性を備えて組織的に監査を行うことのできる形態の監査法人という独立会計事務所を考案したのです。これが、監査が未成熟な段階のときにはある程度役割を担ったかもしれませんが、いまはもう時代に合わなくなってきているのではないかと思っています。

つまり、現在の監査法人という形態ではなく、会計プロフェッション集団からなる会計法人という形態のものに衣替えすべきだと思います。そこでの業務の中には、今後さらに発展が期待されるコンサルティング業務とか税務業務も行えるようにすることです。しかし、この議論には、当然に賛否両論あることは百も承知しています。ただ、事務所として財政的基盤が盤石でないと独立性も強固に保てないのです。何かクライアント（被監査会社）から無理をいわれたときに、毅然として、それを拒絶した場合、監査契約を打ち切られるおそれもあるからです。そうした場合でも、財政基盤が盤石であれば、堂々と自説を曲げず主張して監査責任を全うすることができるはずです。特定の企業に対する監査報酬の依存度が高いということは、独立性を阻害する要因にもなりかねないからです。

伊豫田　八田さんから、監査法人制度誕生の経緯について、大変興味深いお話しを伺いましたが、制度が設けられる背後には、当然のことながら、それなりの理由があるわけです。存在するものには理由があるわけで、確かに、監査法人という仕組みが作られたときには、それが必要となるような社会的事情があったんでしょうが、制度の一番の問題点というのは、実は、社会状況が変化してその存在理由がなくなったにもかかわらず、制度自体あるいは政府による規制そのものは生き残ってしまうという点です。存在理由のなくなってしまった不必要な制度がそのまま残っているという例は、われわれの身近でいくらでもみられますし、それは社会的コストの増加という観点から、決して望ましいことでないことは明らかでしょう。政府が多額の財政赤字を抱えているという状況のもとでは、積極的に無駄な制度や規制を廃止していくことが何よりも必要です。その意味で、監査法人制度についても、常に時代にキャッチアップしていく形で見直しを行っていくことが大事でしょうね。

これからの監査研究のあり方とは

伊豫田

続いて、今度は研究面に関しまして、監査研究は今後どのように進展していくのでしょうか。先ほど、会計研究に関する議論のところでも指摘がありましたが、監査研究の領域でも、最近は実証的アプローチによる現実解明型の研究が多くなってきています。私はこうした実証研究の推進を積極的に評価していますが、残念ながら、これまでの実証研究の成果をみますと、監査理論に基づく緻密な分析が必ずしも行われていない研究が散見されます。財務会計領域の専門家が、監査に関する十分な知識を欠いたまま、比較的簡単に監査の実証研究を行っているようで、私はこうした状況については多少の危惧を覚えます。橋本さん、この点についてどうお考えですか。

橋本

もともと監査では、監査調書が公に研究材料として使えないという守秘義務の制約がある中で、なかなか監査論研究者の研究対象となるような魅力的なテーマが設定できないという面があります。

また、実証研究ということでいうと、会計学においても、会計の制度の中身を知らずにただただ類似の実証研究と同じようなテーマで市場を変えてやってみたりとか、モデルを変えてやってみたりということは少なくありません。やはりオリジナリティに欠ける面があります。監査の場合には、実証研究に馴染むような領域も限られていて、本来実証したいものを直接題材に実証することができないために、代理変数を使って実証研究を進めるような側面がある。本当にそれで監査の実効性や効率性を実証したことになっているのかという点を考えると、実証研究の結果についても問題が少なくないようです。

さらに、監査に限らず、いわゆる日本独特の事情がある中で、欧米では確かに有効な面が実証できたかもしれないけど、果たして日本で同じことが通じるのかどうかということについても疑問はありますよね。

伊豫田

当然のことながら、監査には財務会計とは違った分析視点や理論があるわけで、監査に関する知識が不十分なまま断片的な解釈に基づいた結論や提言がなされることについて危惧を覚えるわけです。私はアメリカのジャーナルのレベルをよく知りませんが、掲載されている論文の内容を一瞥しますと、やはりアメリカでも実証的アプローチによる現実解明型の研究が主流で、歴史研究は多少みられるものの、かつて主流をなしていた文献研究を中心とした理論研究はもはやほとんどみられないですね。

八田

われわれが学んだときの監査論のテキストは、ほとんどが監査基準の解説中心でした。つまり、まず監査人の適格性に関する規定が盛られた「一般基準」についての説明がある。

2つ目は「実施基準」で、監査手続の解説ですね。そして3つ目が監査報告書の内容に関しての「報告基準」。実は監査業務にとって最も重要なのは、監査の実施に関する部分なのです。監査のプロが限られた時間とマンパワーの中で、重要な虚偽記載を見落とさないように、どのように有効かつ効率的な監査を行うのか。これが本当は最も重要な研究対象になってこなくてはいけないのですが、この実務に直結するような部分にはなかなか学者がコミットできないという実態がある。

監査論研究者の場合、一般基準の監査人たるものの有り様について研究する人が結構いました。この中には独立性の問題があり、倫理の問題があり、最近では懐疑心の問題がある。あるいは誠実性の問題、正当な注意の問題など、こういったキーワードを追究していたものです。しかしこれも結局、堂々巡りの精神論になってしまう可能性があるのではないかということで、新しい研究を開花させることができない。

伊豫田

わが国の場合、戦後にアメリカの制度を模倣する形で公認会計士監査を導入したわけで、いわばトップダウン的に制度構築が行われました。そのため、監査理論は、あるべき監査を社会に定着させるためのツールとして利用されたという側面があったわけで、必然的に規範的な性格をもったわけです。啓蒙的な色彩の強い監査基準の設定を通じて監査制度をわが国経済社会に定着させると同時に、監査基準自体の精緻化を図るという形で監査研究がスタートしたんですね。ただ、近年では、こうした基準解説型研究だけでなく、現実解明型の研究が次第に市民権を得つつあることは先に述べたとおりです。
いずれにしても、変化する経済環境の中で、新しい研究テーマなり、アプローチをみつけていくということが監査論研究の進展にとって必要不可欠なことはいうまでもないでしょうね。

八田　監査論を勉強して研究者になった場合、独自の研究を進めるためにどのようなアプローチ、ないしはテーマがいいかとなると、こういった現実の制度をベースにした規範的な研究ではどうも芽が出ないということもあり、勢い、実証研究ないしは事例研究の方に進むという傾向は強いですね。
ただ私自身、監査論研究だけでなく、監査実務にとっても最も大事なのが一般基準のところにある〝監査人論〟あるいは〝監査人学〟といった監査人の適格性に関する記述部分にあると思っています。それを理解する上で、倫理学は当然のこと、例えば心理学とか論理学といった基本学問ともすり合わせながら、職業としての監査の有り様というのが研究対象にあると思っております。でも、それをやろうという人はなかなか出てきませんけれどね。

橋本　学際的な研究の広がりが必要ですね。

伊豫田
確かにそうですね。監査の手続的・技術論的なレベルの話と監査人の心証形成・理論的なレベルの話とは分けて議論ができるわけで、おそらく前者の方は、主に公認会計士の方達がコミットされる領域で、われわれ研究者の方は、後者の方にコミットしていくということになるんでしょうね。ただ、いま八田さんがいわれたように、監査論を「学」として研究していくためのアプローチというのは、最近ではなかなか成立しにくいという状況があるのかもしれませんね。

八田
皮肉なことに先にも紹介したマウツ＝シャラフの『監査理論の構造』を超える理論書はいまだにないといわれています。実務的なテキストとしては**モントゴメリ**(29)などいくつかの古典もあります。日本でも時代を担った先駆者の監査論研究者はいます。特に早稲田グループの**佐藤孝一**(30)に始まって、**日下部與市**(31)など、一時は、早稲田会計学の黄金期を築いたときもありました。でもよく考えてみると、そこで展開された議論の大半は監査手続論なんですね。確かに、当時としては先駆的な手続論でしたが、いまとなってはほとんど陳腐化していますけどね。

伊豫田
古典というのは、そういうものかもしれませんね。会計研究の領域でも、先ほど話に出てきたマウツ＝シャラフに加えて、シュマーレンバッハだとか、ペイトン＝リトルトンだ

(29) R.H. Montgomeryが1912年に当時の実務をベースとするテキストとして出版して以来、職業会計人の手引書として長きにわたり版を重ねてきた。アメリカの監査実務を体系的、具体的に展開する標準的なテキストである。
(30) 佐藤孝一（1905～1975）は昭和期の会計学者。早稲田大学商学部教授であり、長く企業会計審議会等でも活躍し、わが国監査制度の発展に貢献した。
(31) 日下部與市（1928～1975）は昭和期の会計学者。早稲田大学商学部教授であり、同氏の監査論のテキストは特に著名で、わが国の監査論教育に大きな足跡を残した。

とかを超える文献があるかといわれれば、やはりそれはないような気がします。わが国で展開されたさまざまな理論も、結局のところ、それらの古典的文献に基づいた議論に過ぎません。大変完成度が高いといわれる文献であっても、おそらくそうだろうと思います。実は、同様のことは経済学でもいえることで、例えば、ケインズの「一般理論」を超える文献ないし研究があるかというと、やはりそれはないわけです。われわれが新しく考え出した理論だと思っても、実は、すでに先人たちが明らかにした事柄を単にリフレーズしているに過ぎないという場合が多いのではないでしょうか。でも、だからといって、そこのところをお座なりにしてしまって勝手な議論をしてしまうと、地に足が着かない話になってしまう危惧があるんですね。

だから、事例研究にしても実証研究にしても、1つのファインディング、つまり知見を明らかにして、場合によっては、そこから何がしかの提言を与えるということは非常に意味のあることだと思うのですが、他方、一般化・普遍化できるような議論というのは、なかなかそうした研究からは出てきにくいという気がします。そういう意味で、われわれは、まだまだ歴史に学ぶところや、古典に学ぶべきところがたくさんあるはずです。

橋本　そのとおりですよね。

これからの日本の監査教育のあり方とは

伊豫田

そういう状況の中で、われわれ監査の教員がこれから監査教育を行っていく場合に、特に現在のように何もかもが急速に国際化していくという状況の中で、監査教育は一体どうあるべきか、どうしていくべきなのか。

1つは、監査の教育といった場合、わが国の場合には、学部レベルでの教育とアカウンティング・スクールでの教育があるわけですが、それらを含めてわが国の監査教育は、今後どういう方向に向かっていくべきなのでしょうか、八田さん、いかがですか。

八田

とても難しいですね。その前にもう1つのテーマとして、監査の問題を議論していくときに社会が一番関心をもっているのは、監査人の責任なのです。監査人は、どういう場合に責任を負うか、あるいは、何に対して責任を負っているのかということです。

例えば不正会計が露呈したときに、監査人に対してどういう責任が求められるのか。責任があるのかないのか。その点について、利用者側、メディア、あるいは社会の人々がもっている監査に対する期待のレベル・内容と、監査人サイドが考えているレベル・内容に差があるのではないかということがよくいわれます。

このことを、よく「期待ギャップ」などといいますが、実は双方の認識ないしは理解に齟齬があるということを監査人サイドから捉えた言葉ではないかということ。そうではなくて、利用者からみると「われわれの期待通りに監査をやってくれてはいないではないか」ということであって、こういうのを「期待はずれ」というわけです…。

伊豫田・橋本

なるほど（笑）

八田

監査人は、どのような期待が寄せられているのか、そうした自覚はあったのかとなると、多くの場合、「いや、そんなことは思っていませんでした」ということで反論するのが通例ですが、そのあたりのズレを払拭しないと、いつまで経っても、監査に対する信頼は高まってこないでしょうね。

橋本

監査の問題が世情を賑わす場合、あるいは、八田さんがメディアに登場する場合というのは、例外なく社会的にも不幸な事態が起きたときなんです（笑）。つまり、企業が健全かつ効率的な経営を行い、かつ特に問題がない財務報告が作成・公表され、そして監査結果も無限定の適正だという意見が述べられたときには、誰ひとり手をあげてクレームを付けることはありません。しかし、そこに何か齟齬を来すと、最後の砦である監査人の責任を厳しく追及し、彼らを生け贄ないしはスケープゴートにしないと社会は納得しない。そういう意味からすると、監査というのは、非常に割りが合わない職業だと思われますね。

八田

19世紀のイギリスの企業不正に関する判決文の中に「監査人は番犬であって猟犬ではない」[32]という有名な判例があるわけです。猟犬というのは、狩人が狩猟にいって狙い落とした獲物を絶対に見失わないようにもち帰ってこなければならない。捉えた獲物を見失ってしまった犬は頭を叩かれる。監査人もミスがあれば、あるいは不正を発見できなければ頭を叩かれる。その点、番犬というのは、クサリにつながれていて噛みつくことはできないけど、危険を察知した場合には、ワンワンと吠えて飼い主に注意を発する。これに飼い主が気にかけなければ本当に泥棒が入るかもしれないが、ちゃんと吠えれば誉められる。こうした考え方というのは、基本的に変わっていないと思うのです。ところが21世紀になり、相次ぐ会計不正の露呈もあり、不正捜索型監査への転換などといわれ出しました。つまり、「監査人よ、猟犬たれ」というメッセージが発せられたのです。果たしてそれでよいのだろうか、この点についての詳細な議論等はなされておらず今後の最大の課題なのかもしれませんね。

橋本

これはゲートキーパーといわれる判断する人、審判する人の宿命ともいえるとこ

(32) "It is the duty of an auditor to bring to bear on the work he has to perform that skill, care and caution which a reasonably careful, cautious auditor would use. An auditor is not bound to be a detective, or, as was said, to approach his work with suspicion, or with a forgone conclusion that there is something wrong. **He is a watchdog, not a bloodhound.** Auditors must not be made liable for not tracking out ingenious and carefully laid schemes of fraud, when there is nothing to arouse their suspicion... So to hold would make the position of an auditor intolerable" (Lord Justice Lopes Regarding Kingston Cotton Mills, 1896)

ろでして、野球などのスポーツの審判でも、正しい審判をしているかぎりは何も責任は問われませんが、誤審をするとうるさくいわれる。さらには人間の目では判定できないのであればということで、機械導入とか、ビデオ判定導入という話になってくる。そうなるとわれわれの仕事は機械とかＩＴで置き換わるのかという話になったり、人間の頭脳対コンピュータの頭脳という問題にもなったりします。

かつて**コーエン委員会**(33)が監査人の責任をテーマにした報告書を出しましたが、こうした監査人の責任との関連で監査人のイメージアップにつながるような、監査人がディスクロージャーの番人として、ゲートキーパーとしての役割を果たしていることをもっと社会に対して積極的にアピールすべきでしょうね。

伊豫田

そうなると、監査教育というのは、結局、制度としての監査を啓蒙することであるということになるのかもしれませんね。監査に関するテクニカルなことは、それこそ公認会計士資格を取得してから勉強すればいいわけで、むしろ監査を学んでいる人たちに対しては監査についての本質的な論理や構造を明らかにすると同時に、社会の人々に対しては社会教育という意味で監査の意義や機能を丁寧に説明していくことが大事なのかなという気がします。

八田

おっしゃるとおりで、基本的に世界共通だと思うのですが、これまでの監査教育は「監

---

(33) エクイティ・ファンディング（Equity Funding）社による詐欺事件を契機に生じた公認会計士に対する批判に対応するため，アメリカ公認会計士協会（AICPA）が設置した元SEC委員のコーエン（Manuel F. Cohen）を委員長とする「監査人の責任に関する委員会」をいう。報告書は，*The Commission on Auditors' Responsibilities: Report, Conclusions, and Recommendations,* AICPA, 1978.（鳥羽至英訳『アメリカ公認会計士協会・監査人の責任委員会―コーエン委員会報告書 財務諸表監査の基本的枠組み―見直しと勧告』白桃書房，1990年。）

査人学」の教育といえます。監査人はどうあるべきか、ということばかり教育しているから、そもそも監査人になる気のない人は監査教育を受けない。それではいつまで経っても、ギャップや溝は埋まりません。監査というものが、今日の経済社会におけるインフラとして重要なものであるならば、監査の結果を利用する人は社会の人々すべてなのですから、その人たちに正しい監査教育がなされていなければ、監査に対する正しい理解は得られない。そのときに、あまり専門技術的な話をしてもしょうがないわけで、監査の社会的役割や監査人のあるべき姿などについて、周辺的な議論も踏まえながら、さらには監査人たるものの立ち位置、精神構造、苦しみや悩みといったところまでちゃんと理解できるような、まさに監査啓発・啓蒙教育が不可避だと思っています。

橋本

会計の世界もそうですけれども、いわゆる作成側というか会計情報を作る立場と利用する立場をよく考えなくてはいけない。監査人の場合は特にそうですが、実際に監査をするという監査人の養成の場の教育ではなくて、監査というものを社会の人たちがどうやって利用するのか、監査というものをどういったところに役立てることができるのかという、そういうまさに啓蒙教育が重要でしょうね。

伊豫田

日本では監査の意義や役割についての啓蒙がなされていないので、一般の人々にとっては監査についてのイメージをうまくつかむことができないというところがあるんですね。

これに対して、アメリカやイギリスでは、これまでの歴史的な経緯の中で、自然にそれが肌身に付いていて、無意識のうちに監査の意義とか役割といったものが理解できているのかもしれないという気がします。

八田

おっしゃるとおりですね。

伊豫田

直接的に監査を利用することはないから、監査についてよく知らなくてもまったく問題ないという議論が短絡的に出てくる可能性はあるかもしれません。かつて高速道路の料金を無料にしたらどうかという議論が出てきたときに、「私は車の運転をしないから料金の無料化は私にとっては何の意味もない」というようなことを主張する人がいました。しかし、実は、車の恩恵を受けていない人など世の中にいないわけです。確かに自分で車の運転をすることはないけれども、高速料金の無料化に伴い運送コストが下がることによって、結果的にさまざまなモノの価格が下がったりすれば、そうした人たちも当然恩恵を受けることになるわけです。監査についても同様のことがいえるわけで、直接的に監査のメリットを受けることはないかもしれませんが、監査によって証券取引の安全性が確保され、われわれが資金運用する際のリスクが軽減されれば、やはりベネフィットを受けることになるわけですよね。

八田

だからこそ、法定監査というのは公共財だといわれているわけです。基本的に空気や水と同じなんです。海外ではそういう理解をしている人が多いですね。

伊豫田

先ほど、なぜ監査が注目されるのかという話をしましたが、実際、わが国で監査が注目されるときというのはロクなことがないわけで、監査に注目が集まらないときが、監査を担当する公認会計士にとっては一番幸せなのかもしれません。

橋本

確かにそうですね。

伊豫田

警察の仕事についても同じことがいえるわけで、犯人をたくさん捕まえるのがよいことではなくて、そもそも犯罪が起こらないような予防的な措置を講じることが大事なんでしょうね。交通違反の切符をたくさん切ることが警察の仕事ではなくて、そもそも交通違反が起こらないような交通規制を行うなり、そのための制度設計を考えていくということの方が大事ですね。その意味でいえば、監査は経済社会における縁の下の力持ちとして、「目立たない」、「目立ってはいけない」ということになるのかもしれません。

橋本

監査人・監査という職業に対するリスペクトとか、いわゆる地位の問題でいうと、日本の場合にはスポーツでも審判よりは選手・監督、いわゆる現場の参加者の方が偉いように捉えられています。アメリカですと審判にちょっとでも触れればすぐに「退場」ということになりますが、日本では審判の地位、ゲートキーパーの地位が低くてリスペクトされていないという面がある。相撲の行司は、腰に短刀を差していますが、これは軍配を差し違えた場合に切腹するという覚悟を示したものといわれており、まさに責任の重い仕事をしているわけですが、一方で、勝敗を決める最終権限はなく、物言いがついた場合は勝負審判の協議によって最終判定が下され、その場合には、行司の判定の選択肢にはない、同体とり直しなんていうのもあったりします。もっとも、監査意見には限定付適正や意見不表明というのもあるので、監査人は行司よりは選択の幅が広いように思われますが……。

八田・伊豫田　（笑）

橋本　会社の中でも監査役というのは取締役などに比べて本流を外れた人のポストだというような扱いがなされる場合が多いようですが、もう少し日本でも監査という仕事、それを担う監査人、監査役、監事などがリスペクトされるような文化や価値観があってもよいのではないかと思いますね。

八田　それと、次の世代を担う優秀な人たちを惹きつける魅力の1つに、やはり高額報酬があると思います。日本の場合にはたかがしれていますが、それでも頑張って社会的に重要なポジションで役割を担っていくと、それなりの地位と報酬が得られるべきなのです。

ところが、監査役設置会社の場合、常勤の監査役と常勤の取締役との報酬体系がどうなっているかというと、ほとんど例外なく取締役の方が監査役より数段報酬が高い状況にあります。それにもかかわらず昨今の会社法の改正等々によると、監査役の役割と責任はどんどん重くなり、その守備範囲もどんどん広くなっている。真面目に考えると、喜んで引き受けることができないほどに大変になってきています。そもそも、法律を作っている関係者自身、監査という機能を十分に理解していないのではないか、また、企業関係者、あるいは、行政も政治家も十分にわかっていないのではないでしょうか。これが構造的に日本を監査後進国にしている問題だと思います。

法律上の責任の重さからみても、常勤監査役たるものは、少なくとも取締役会の中の役付取締役以上の報酬を保証すべきだと思っています。取締役の中には役員賞与とか業績連動型報酬もあるわけですが、監査役は基本的にはそういうのが適用されない。その業績連動が反映されず、インセンティブを入れなくても、ほとんどの会社では常にトータルで取締役の報酬の方が高いのです。

伊豫田

まさにおっしゃるとおりで、報酬を高めていくことで優秀な人材が集まるというのはそのとおりですし、私もそうあるべきだと思います。ただ、実際には、報酬についてはそれを支払う企業との間の交渉に委ねざるを得ないわけですが、何よりも大事なことは、報酬を支払う企業の方に、自分たちが受けている監査のメリットをしっかりと理解してもらわなければならないということです。それをわれわれが広く啓蒙していくことがやはり重要なのかなという気がしますね。

八田

若干水を差すような議論になりますが、いまの日本公認会計士協会、あるいはいま現場作業に携わっている公認会計士のスタッフが総じてそういう高い評価を受けるに値する会計士であるかというと、これはなかなか問題があるかもしれません。特に過去10年くらいの間に、新しい試験制度で受かってきた若い人たちは疑問がありますね。日本の公認会計士試験制度の場合、何らの前提条件もなく、誰でも受験資格が与えられている。しかもペーパー試験重視で若くして受けられる。

最初から若くて優秀なプロなどいないのだから、会社側も新人の会計士にいちいち教えなくてはならない。簿記の計算問題が解けて、会計基準と監査基準を丸暗記で覚えているといった程度では、やはり本来のプロとしての役割を果たしきれていない。そういう人に報酬を高くといっても、それでは「無礼者！」といわれてしまいますよね。

伊豫田

実は、そういうことがなくなるように会計大学院を作って、プロフェッション教育を充実させようという話になってきたはずなのに、そこがどうしてもうまく活かされていない。

そこに現行の監査教育の課題や限界があるという気がしますね。今後の試験制度の有り様を含めて、高等教育の現場で監査をどのように教育していくのか。そのあたりが重要な課題になってくるでしょうね。

橋本 公認会計士の魅力の向上へ向けた取り組みを関係者の総力を結集して今後とも積極的に推進していくことが必要ですね。

八田 そのとおりですね。

第3部　内部統制のいまを語る

さて、第3部は「内部統制のいまを語る」です。2001年にアメリカで起きたエンロン社の事件を契機に制定されたSOX法の404条に内部統制報告制度が導入されたことはよく知られています。

わが国でも2006年に制定された金融商品取引法の中で、同様の内部統制の規定が盛り込まれたということから、上場会社に対しては内部統制の報告制度が導入されて、今日に至っています。実際に2008年の4月から始まったこの制度ですから、すでに10年近く経とうとしていますが、本当に企業社会において内部統制は有効に機能してきているのでしょうか。そうした問題意識も踏まえて、会計および監査のいまに続いて、内部統制のいまについて考えていきたいと思います。

金融商品取引法における内部統制報告制度を振り返る

八田　まず金融商品取引法で導入された**内部統制報告制度**(1)ですが、現時点で、どのような評価ないしは感想をもっていますか。

伊豫田　監査論の立場からすれば、内部統制は財務諸表監査を行う上での基礎的前提条件になるということで、非常に重要な論点です。ご存じのように、内部統制の目的として、業務の有効性・効率性、財務報告の信頼性、関連法規の遵守そして資産の保全という4つがあげられます。監査の場合には、この目的のうち、財務報告の信頼性を確保するという目的との関連が一番重要なわけです。

ところが、先ほどの話にも出ましたが、監査の意義がなかなか経営者に理解されないという状況がある中で、内部統制の整備・運用状況の改善が必要だといっても、これまで経営者には十分に理解されてこなかったということがあると思います。したがって、内部統制報告や監査といっても、経営者にとってはあまりありがたい話ではなく、むしろ企業の負担が増えて大変というような、ネガティブ

（1） 2002年7月に制定されたサーベインズ・オックスリー法（SOX法）の404条には、内部統制報告書の提出と監査人の関与に関する規定が設けられている。

ⓐ項　経営者による内部統制の整備と評価

ⓑ項　監査人による内部統制の評価に対する証明（attest）および報告（内部統制監査）

わが国の場合、金融商品取引法第24条4の4において、当該会社の属する企業集団および当該会社に係る財務計算に関する書類その他の情報の適正性を確保するために必要な内部統制の体制について評価した報告書（内部統制報告書）を有価証券報告書と併せて事業年度ごとに内閣総理大臣に提出しなければならない、とする規定が設けられている。

な印象をもたれることが多かったんじゃないでしょうか。その意味で、内部統制の有効性を高めることが経営者自身のためになるという、そういった視点で今回の制度導入の意義を説いていく必要があるのだと思います。

橋本　制度の根幹を成す内部統制の基準の策定については、企業会計審議会の監査部会ではなく、新たに設置された内部統制部会で精力的に基準づくりや制度化の議論が行われたわけですが、そこにも経営者のための内部統制の視点でという思いがありました。また、内部統制は、そもそも企業経営者が自らの合理的な経営管理の観点から自主的に企業内部に設けるものであるというのが原点にあります。しかし、内部統制報告制度が導入されたという背景には、当時、日本においても鉄道会社の不実記載をきっかけに会計不信が広がる中で、財務報告に係る内部統制の有効性を確保することで、そのようなプロセスを経て作成された財務諸表の適正性が確保され、ひいては、ディスクロージャー制度全体の信頼性がより有効かつ効率的に確保され、失われた信頼の回復につながるとの思いもありました。つまり、企業の内部管理体制を評価することにより、企業自身としても適正な財務報告を作成することができるようになり、財務諸表を監査する監査人にとっても有効な内部統制に依拠することで有効かつ効率的な監査が実施可能になるわけです。

八田　当時の議論を振り返ると、金融商品取引法の中で導入されたときの内部統制報告制度は、上場会社を中心とした公開会社における開示制度ないしはディスクロージャー制度の整備の一環として導入されたということです。そのとき同時に導入された新たな制度として、1つは、タイムリーなディスクロージャーという観点から**四半期報告制度**[2]、それから2つ目は、経営者責任をある程度明確化するという観点から**経営者確認書**[3]の作成、そして3つ目が、この内部統制報告制度でした。

橋本 エディネット[4]（EDINET）のXBRL[5]化を加えて、4点セットの改革ともいわれましたね。

八田 アメリカの制度もそうですが、この内部統制報告制度は、あくまでも財務情報の信頼性を側面から支援するという観点から、正式には「財務報告に係る」内部統制報告制度の有効性に対する評価をしようとしているわけです。

しかしながら、内部統制というのは、何も財務報告だけに限る議論ではなくて、企業経営管理全般に関わるものです。単に財務報告の問題だけでは済まない。そこで、内部統制報告制度を実施するために、企業側には、相当多大な時間と労力を割いてもらうことになった。

橋本さんには、当時、実施基準の作業部会長を担ってもらったわけですが、あのときのことをいま一度振り返ってみて、どうなのでしょうか。

---

(2) 金融商品取引法第24条の4の7。
(3) 金融商品取引法第24条の4の2および第24条の4の8。
(4) Electronic Disclosure for Investors' NETworkの略称で、金融商品取引法に基づくコンピュータを利用した開示文書に関する電子情報開示システムのこと。
(5) eXtensible Business Reporting Languageの略称で、拡張可能な事業報告言語を意味するものである。

橋本
もともと内部統制というのは、法規制に馴染むような内容ではなくて会社の主体的、自主的な創意工夫のもとに整備・運用していくものであり、会社の主体性や自主性が尊重されてきたわけです。しかし、エンロン事件が生じたアメリカを震源地とする会計不信の蔓延により、会社サイドの規制強化に加えて、会計プロフェッションの自主規制にも任せてはおけないという風潮が世界的に広がり、日本でも会計および監査に関しては公的規制へと大きく舵が切られたわけです。

伊豫田
ただ、1990年代後半から、会計基準や監査基準を実務に適用する際の具体的な指針等については、民間機関である日本公認会計士協会が関係者との協議の下に実務指針やQ&Aなどの形で公表するという形で、企業会計審議会との間で役割分担を行っています。特に、企業会計基準委員会ができてからは、会計基準については、適用指針も含めてすべて企業会計基準委員会により公表されるようになりましたが、監査に関しては、企業会計審議会が監査基準の設定を担当し、日本公認会計士協会が実務指針等の策定を行うという役割分担が続いています。

橋本
おっしゃるとおりですね。しかし、この内部統制に関する議論は非常に重要であり、さまざまな関係者がそれぞれに役割と責任を負っていますので、実施基準を含めて審議会で作成・公表してほしいという経済界からの強い要望があって、企業会計審議会名で**基準と実施基準**(6)をあわせて公表することになりました。特に、作業部会の実施基準に係る審議は非公開の場で行われたこともあって、その内容には各方面から大きな関心が寄せられました。

八田

確かに企業会計審議会で公表している内部統制に関する基準の前文を思い起こしてみますと、「内部統制をどのように整備、運用するかは、個々の企業等が置かれた環境や事業の特性等、規模等によって異なるものであり、一律に示すことは適切ではない。」と記されており、経営者が自ら適切に工夫を行っていくことが期待されているのです。

先ほど伊豫田さんもいわれたように、財務報告に係る内部統制の整備・運用は真実の情報の作成を側面から支援して会計全般に関する信頼性を高めるということですから、内部統制自体の目的と同じ方向を目指しているものといえます。ただ、この内部統制が有効であるかどうかを評価するというのは、なかなか難しい問題です。そのため、内部統制評価の基本は、内部統制を責任をもって構築し、整備・運用している人たちが自己評価をするという点にあります。

ただ、アメリカでSOX法の下で始まったときの制度対応と日本の場合の制度対応とでは、「重要な欠陥がある」と評価された企業数には大差があって、日本ではその数はとても少なかったのです。具体的に、日本の企業の大半は内部統制についてさほど問題がない、

---

(6) 平成19年2月15日に企業会計審議会から、「財務報告に係る内部統制の評価及び監査の基準並びに財務報告に係る内部統制の評価及び監査に関する実施基準の設定について(意見書)」が公表された。

[図表2] 内部統制報告書の評価結果の実態

年 度	内部統制は有効である	内部統制は有効でない	評価結果を表明できない	合 計
2009年6月から 2010年5月までに提出分	3,678社 (97.2%)	92社 (2.4%)※1	15社 (0.4%)	3,785社 (100%)
2010年6月から 2011年5月までに提出分	3,678社 (98.9%)	34社 (0.9%)※2	6社 (0.2%)	3,718社 (100%)
2011年6月から 2012年5月までに提出分	3,623社 (99.4%)	15社 (0.4%)※3	6社 (0.2%)	3,644社 (100%)
2012年6月から 2013年5月までに提出分	3,566社 (99.36%)	22社 (0.6%)※4	1社 (0.04%)	3,589社 (100%)
2013年6月から 2014年5月まで提出分	3,556社 (99.3%)	23社 (0.6%)※5	2社 (0.1%)	3,581社 (100%)
2014年6月から 2015年5月まで提出分	3,575社 (99.5%)	18社 (0.5%)※6	0社 (0%)	3,593社 (100%)

※1　この外に、訂正報告書により「有効」から「有効でない」に訂正した会社が8社ある。
※2　※1と同様の会社が16社（うち9社は2008年度分の訂正）ある。
※3　※1と同様の会社が27社（うち6社は2008年度分、10社は2009年度分の訂正）ある。
※4　※1と同様の会社が51社（うち10社は2008年度分、12社は2009年度分、14社は2010年度分、15社は2011年度分の訂正）ある。
※5　※1と同様の会社が47社（うち3社は2008年度分、5社は2009年度分、7社は2010年度分、9社は2011年度分、6社は2012年度分、17社は2013年度の訂正）ある。
※6　※1と同様の会社が49社（うち2社は2009年度分、8社は2010年度分、9社は2011年度分、13社は2012年度分、15社は2013年度分、2社は2014年度分の訂正）ある。

という評価をすることもできます。そのため、内部統制報告制度の役割は達成できたということで、もうこの制度を廃止してもよいのではといった極論も聞かれました。

橋本　別掲の［図表2］からも明らかなように、2008年度の内部統制報告制度導入当時の実態は、金融庁が公表した内部統制報告書の「評価結果」の記載状況によれば、2009年6月〜2010年5

月（２００８年度）の提出会社数３７８５社のうち、重要な欠陥があると記載した会社は92社（２・４％）、２０１０年６月～２０１１年５月（２００９年度）の提出会社数３７１８社のうち、重要な欠陥があると記載した会社は34社（０・９％）でした。アメリカでは開示初年度に16％を超える重要な欠陥が開示されたことと比べると、この数字はきわめて少ないといえます。しかも、アメリカでは時価総額の大きな上場企業から段階的に導入されたのに対して、日本の場合には、上場会社全社に対して一律適用されたにもかかわらず重要な欠陥の開示は全体の２・４％という結果です。日本の場合は評価範囲の大幅な絞込み(7)を認めていますが、そのことを勘案しても日本の企業は、いざ制度化されると非常に真面目に取り組む姿勢が見て取れますね。

八田　よく考えてみると、日本の公認会計士制度が始まったとき、１９５０（昭和25）年に**監査基準**(8)ができて、その前文に、すでに内部統制の議論が盛られていたんですよね。したがって、日本の公認会計士監査は、結構、内部統制の評価というものを綿密に行いながらサンプリングチェックで財務諸表監査を行ってきたという歴史があります。一方、アメリカなどの監査の歴史をみても、ここまで立ち入って内部統制に対する取り組みをしてきたとは思えません。それが、20世紀末から21世紀に入って、不正な財務報告を防止するとの観点から、内部統制の基本的なフレームワークにまで立ち返って議論されるようになってきたということです。そういう意味で、他国に比べて、日

(7)　当初の意見書では、連結ベースの売上高等の一定割合（概ね３分の２程度）まで評価範囲の絞り込みを認めていたが、平成23年３月30日の見直しにより、前年度の評価範囲に入っていた重要な事業拠点のうち、前年度の評価結果が有効であり、整備状況に重要な変更がなく、重要な事業拠点の中でも、グループ内での中核会社でないなど特に重要な事業拠点でないことを確認できた場合には、当該事業拠点を本年度の評価対象としないことができることとされ、その場合、結果として、売上高等の概ね３分の２を相当程度下回ることがあり得るとされた。監査・保証実務委員会報告第82号の参考例１では、売上高の53%を占める中核会社である事業拠点Aを「特に重要な事業拠点」として選定している。

本は内部統制先進国ではないかという気がします。

伊豫田　そもそも監査を行うにあたっては、内部統制の整備状況・運用状況を評価するというプロセスが不可欠です。そして、それを考慮して監査リスクを評価し、適用する監査の方法・時期および範囲を決定するわけで、現代監査の基底をなすリスク・アプローチのもとでは、内部統制についての評価は監査人が行うべき最も重要なプロセスの1つです。したがって、内部統制の評価が非常に重要な意味をもつということは当然です。

橋本　まったくおっしゃるとおりですね。

伊豫田　ですから、わが国でも、戦後、証券取引法（金融商品取引法）監査が導入されて以降、監査人は、内部統制についてはしっかりとチェックしてきたはずです。その意味でいえば、内部統制の評価・監査制度について、わが国で特に違和感をもって迎えられるということはないと思います。ただ、内部統制は企業によって中身が変わりますし、国によっても変わります。内部統制報告制度の導入をめぐって議論されたところですが、わが国の企業の業務は、アメリカのようにあまり機能別に分化されていません。一般的に、日本企業

(8)　昭和25年7月に制定された監査基準の前文「財務諸表の監査について」の「二　監査の必要性」の項において、公認会計士監査の性格について、以下のような理解を示していた。「監査は過去においては、不正事実の有無を確かめ、帳簿記録の正否を検査することをもつて主たる目的としたものであつたが、企業の内部統制組織即ち内部牽制組織及び内部監査組織が整備改善されるにつれて、この種の目的は次第に重要性を失いつつある。企業はあえて外部の監査人をまつまでもなく、自らこれを発見するとともに、未然にその発生を防止しうるようになつたからである。」そしてまた、「三　監査実施の基礎条件」の(2)においては、以下のように、監査受け入れの条件として内部統制が整備されていることを規定していた。「監査を実施するには、監査を依頼する企業の側において、あらかじめその受入体制が整備されていなければならない。…中略…適当な内部統制組織が監査の前提として必要であつて、監査人はこれを信頼して試査をなすにとどめ、精査を行わないのが通例である。」

では、1人の社員が複数の業務に携わる場合が多いですよね。そんな中で、仕事を細分化していって、個々の業務を評価するというのは、なかなか難しいという側面もあります。そういう意味で、わが国の内部統制の評価がアメリカやイギリスと比べて難しいということはあると思います。

八田　当初、金融商品取引法でこの制度が導入されたときに、わが国の場合、半世紀を超えて行われてきた財務諸表監査制度に加えて、別途、内部統制監査制度が導入されたということで、規制強化になったとの評価が企業サイドからなされ、あまり好意的には受け取られなかった面がありました。

橋本　焼け太りというわけですね。

八田　一方で、公認会計士サイドからは、晴れて内部統制というものを企業サイドと真正面で議論できるようになったし、財務諸表監査の効率性と有効性も大きく高めることができるということで高い評価を受けました。結果として、職域の拡大となって監査業界の収益増にもつながったという事実もあります。ただ残念ながら、それも一過性のものとして終わってしまったようです。つまり、監査業界からみると、一時は内部統制特需と捉えられるような収益の拡大などもあったのですが、企業サイドにおいては必ずしも積極的かつ自主的な取り組みが継続されなかったため、結果的に監査法人だけが腹を肥やしたのではないかと揶揄されたりもしたようです。

橋本　監査業界だけでなく、内部統制に関するコンサルティング業界やＩＴ業界も大変な過熱ぶりでしたよね。

八田　ただ、私自身、この内部統制の基本的な考え方が導入されたことで、やっと監査人サイドと企業サイドが同じ土俵で健全なディスクロージャーに対してそれぞれの役割を担うということの理解ができた気がします。

内部統制報告書の訂正事例の増加を問う

八田

先ほどの［図表2］にも示されているように、内部統制の自己評価により、有効であると報告した企業が、後日何らかの不祥事ないしは、不当な行動等が露見したことにより、過年度に遡って内部統制の有効性の評価結果を訂正してくるという問題が指摘されています。経営者の方で、自社の内部統制は有効であるという評価結果を公表し、それに対して監査人が適正であるという意見を述べたにもかかわらず、後日、その評価結果について、有効から有効でないと訂正している会社が年々増加傾向にあるということです。

橋本

重要な欠陥があるとした会社は、導入初年度92社、2年目34社の他に、訂正報告書によって「有効」から「重要な欠陥」に訂正した会社が初年度8社、2年目16社（うち9社は2008年度分の訂正）ありました。訂正内部統制報告書を提出する背景はさまざまでしょうが、仮に不十分な評価を行い、後日、問題が生じたらそのときに訂正すればよいといった安易な評価姿勢があったとするならば、内部統制の有効性の観点から大問題です。後出しじゃんけんのようなものですから。

八田

こういうことが放置されていると、経営者の側にモラルハザードが起きるのではないか、つまり会社サイドとしては、時間もコストもかかる内部統制対応にあまり真剣に取り組まないで、お座なりの評価により、内部統制は有効であるという結論を出しておき、後日、何か事があれば訂正すればいいと考えているのではという懸念もあります。

伊豫田

内部統制が有効であるという評価を自ら行いながら、後日それを取り消すとか、意見を変えるというようなことがあれば、当然監査にも影響が出てきますので、監査の側面からも非常に大きな問題となります。また、それは内部統制報告制度そのもののあり方としても問題ですし、内部統制報告・監査制度自体が空洞化してくると思います。とりあえず何でもいいから出しておいて、問題が出なければそれでいいし、問題が出てきたらそのときに対応すればいいということになると、例えば、財務諸表の監査でも同じような発想が出てきてしまいます。

ただし、財務諸表監査の場合には、制度上かなり厳しい罰則規定が設けられていますので、場合によっては会社は利益や信用を喪失してしまいます。内部統制報告の評価結果を有効から有効でないと変えた場合のペナルティがない状況のもとでは、そういうことが起こる可能性があります。また、それが原因で内部統制報告制度そのものが空洞化してくる可能性があると思います。

橋本　制度導入3年を経過した2011年に内部統制基準・実施基準の見直しが行われましたが、これは、内部統制報告制度が本来の趣旨に沿って実施されるよう、過度な対応や、制度の趣旨にそぐわない理解等を補正する意味合いのものでした。これから先は、わが国の内部統制報告制度に対する当局の対応も指導的態勢から次第にメリハリのある対応へとシフトし、例えば、訂正報告書により有効から**重要な欠陥（開示すべき重要な不備）**(9)に訂正した会社については厳格に対応していくことになるでしょうね。真面目に取り組んでいる会社とそうでない会社で対応が大きく変わっていくでしょう。

八田　要するにこの制度が金融商品取引法の下において導入されたそもそもの趣旨が正しく理解されていないと、運用面でも誤った方向に行ってしまうということですね。

橋本　当初は、内部統制が有効でないと結論する前提として、「重要な欠陥」という用語を使っていたこともあって、会社としては、会社自体に「欠陥」があるとの誤解を招くおそれがあるということで用語の変更を要請していました。そのためか、重要な欠陥として開示しづらいという面もあったようですが、3年後の見直しを受けて、現在では「開示すべき重要な不備」という用語に変わっています。にもかかわらず、こうした訂正事例が後を絶たないということであれば、制度運用上、大きな問題だと思い

(9)　162ページの［図表2］にも示したように、訂正報告書によって「有効」から「重要な欠陥（開示すべき重要な不備）」に訂正した会社がそれぞれ2009年度は8社、2010年度は16社（うち9社は2008年度分の訂正）、2011年度は27社（うち6社は2008年度分、10社は2009年度分の訂正）、2012年度は51社（うち10社は2008年度分、12社は2009年度分、14社は2010年度分、15社は2011年度分の訂正）、2013年度は47社（うち3社は2008年度分、5社は2009年度分、7社は2010年度分、9社は2011年度分、6社は2012年度分、17社は2013年度分の訂正）、2014年度は49社（うち2社は2009年度分、8社は2010年度分、9社は2011年度分、13社は2012年度分、15社は2013年度分、2社は2014年度分の訂正）あった。

ます。

八田

確かに、この「重要な欠陥」という表現に対しては企業サイドから強い反対がありましたね。もともとは、Material Weakness の訳語なのですが、実務対応に際しては、言葉のもつ意味がとても大きいということを実感した例です。

橋本

八田さんのご指摘のように内部統制報告制度が、形式的な評価に陥ってしまっていて、本来の趣旨とは異なる制度対応が図られているのではないかということも懸念されています。

２０１１年の見直しによって、内部統制報告制度に対するいわゆる緩和措置については、可能なかぎりの対応が図られたものと考えられ、仮に、さらなる制度の変更を検討する場合には、他の財務報告制度や開示制度全般との関係性を含めて、全面的な制度の見直しということになるでしょう。

伊豫田

一方で、内部統制報告制度の効率化を図る措置については、概ねその対応がなされたものの、制度の有効性を確保するための措置については、今後の課題といえるでしょうね。八田さんたちが注目してきたアメリカのＣＯＳＯの動向も、今後の世界の内部統制議論に大きな影響を及ぼすのではないでしょうか。

会社法における内部統制議論の課題は何か

八田　金融商品取引法で議論しているのは、「財務報告に係る内部統制」ということですから、あくまでも経理、財務あるいは財務報告まわりの議論ということで、それに関わりのない部署、あるいはそれとは直接関係していない人たちには関係ないと思われていました。もう1つの側面として、日本では、会社のガバナンスに対する規制を行っている会社法があって、その中でも内部統制の考え方が議論されてきました。

ただ、商法の時代もそうですが、現在の会社法においても内部統制という言葉はどこにも出てきません。会社法等では内部統制を「会社の業務の適正を確保するための体制」という言い方をしています。最初は**委員会設置会社**(10)についてのみその規定が導入されていましたが、現在では監査役設置会社、委員会設置会社が最近では2つに分かれて**監査等委員会設置会社**(11)と指名委員会等設置会社になりましたが、これらにも適用されるようになりました。したがって、現在では、上場企業だけでなく、大会社のすべてにおいて内部統制的対応が求められるようになりました。

橋本　2014（平成26）年6月の改正会社法公布、2015（平成27）年5月施行により、

(10)　2005（平成17）年7月26日制定の会社法第2条第12号では、指名委員会、監査委員会および報酬委員会を置く株式会社を委員会設置会社としている。

(11)　2014（平成26）年6月27日改正の会社法第2条第11の2号により、監査等委員会設置会社（監査等委員会を置く株式会社）が導入された。

これまで会社法施行規則に規定されていた「企業集団の業務の適正を確保するための体制」が会社法362条の本則に「株式会社の業務並びに当該株式会社及びその子会社から成る企業集団の業務の適正を確保する」ための体制として規定され、省令レベルから法律レベルに格上げされ、また、従来よりも、企業集団における内部統制に重点が置かれるようになりました。こうした今般の会社法・会社法施行規則の改正により、［図表3］のように主な変更が4つなされています。

八田　現在、財務報告の世界においても国際的な標準化が進められており、基本は連結ベースであり、**企業集団**(12)でのディスクロージャーになってきています。会社法の場合、基本的には法的実態は単体レベルで個別の企業で物事を考えるのがこれまでの常識だったと思います。それが、最近ではいわゆる企業集団という形ですべてを議論してきており、親会社にとっては子会社あるいは関係会社の管理が非常に厳しく問われてきています。

橋本さんの話にもありましたが、企業集団の中における子会社管理の一環として、また、親会社の責任の一環として、内部統制についても議論されるようになりました。親会社にとっては、守備範囲もそうですが、より一層責任領域が広がったという変更がみられます。

伊豫田　会社法における大きな転換だと思います。会社法は、基本的には債権者や株主等と会社との関係を念頭に置いています。また、個々の会社ごとに法人格を認めるわけですから、

---

(12)　企業集団とは、当該株式会社並びにその親会社及び子会社をいう。連結計算書類においては、株式会社及びその子会社をいう（会社法第444条）。

[図表3] 会社法・会社法施行規則の改正（平成26年6月）による４つの主な変更点

①これまで会社法施行規則に規定されていた「企業集団の業務の適正を確保するための体制」が会社法第362条の本則に「株式会社の業務並びに当該株式会社及びその子会社から成る企業集団の業務の適正を確保する」ための体制として規定され、省令レベルから法律レベルに格上げ（従来よりも、企業集団における内部統制に重きを置いている）⇒会社法施行規則第100条第１項五において４項目を具体的に明示

②会社法施行規則第100条第３項第四号において、内部統制に関する事項が監査役に報告されることを求めている（＋通報者に対する保護の体制整備）

③監査役の監査を支える体制の強化（従来の同条第３項第一号の監査役スタッフを置くことに関する規定に加えて、第３項第三号（監査役と監査役スタッフの指揮命令に関する体制整備）が追加され、第３項第六号では、監査役の職務の執行に関して生じる費用や前払い等の債務の処理に関する体制整備が求められている

④内部統制の運用評価の点（今般の改正における最大の課題）⇒親会社においては、子会社の取締役等から職務の執行に係る事項の報告を受けることを通じて、企業集団における内部統制の運用評価を実施することを想定しているものと解される

会社法第363条第２項では、業務執行取締役については、３か月に１回以上、自己の職務の執行の状況を取締役会に報告しなければならないとされているが、その頻度にかかわらず、各社の所定の方法によって、子会社の内部統制の運用状況、及び親会社における運用状況を親会社の取締役会に報告する体制が求められる。それを踏まえて、年度末に、事業報告に内部統制の運用状況の概要が記載される。

同時に、監査役等においても、監査役に報告をするための体制を通じて、内部統制の運用状況を把握し、監査役監査を実施することを期待

複数の会社の集まりである企業集団を1つの会社のようにみなすという考え方には馴染みにくいでしょうね。財務報告との関連でいいましても、金融商品取引法の世界では、昭和52年から連結財務諸表の導入が制度化されてきたわけですが、会社法としては、いまいったような理由で、なかなか制度化しにくかった。ただ、そうとはいえ、現実の経済社会の実情からすれば、企業集団の存在を無視するわけにはいきませんから、会社法上の計算書類にも連結ベースのものが導入された。同様に、内部統制についても、子会社レベル、企業集団レベルで捉えるようになってきたわけです。これは会社法における大きな世界観の転換というイメージで捉えることができると思います。

橋本　もう1つ今般の会社法・会社法施行規則の改正に関連して、従来、会社法における内部統制の議論では、条文には「整備」という用語だけあって、「運用」という用語がなかったので、会計関係者の間には違和感がありました。

八田　自動車の整備工場は、実際に車を走らせて問題ないかチェックするという運用の意味まで含めて整備しているのだから「整備には運用も含まれる」と主張する監査役の方もいました。

橋本　一般的に内部統制は整備と運用をセットで考えますので、会社法上も運用評価の点が条文に明記されたことはよかったと思います。

八田 その前に会計の基準についても大転換がなされました。証券取引法（現在の金融商品取引法）の世界で、長年慣用句として使われてきた **「一般に公正妥当と認められる企業会計の基準」**(13)という言葉に対して、商法の世界では、総則の32条2項で「公正なる会計慣行」を斟酌するというのが、1974（昭和49）年の改正で導入されたことから、法律家は皆そうした慣用句を使ってきました。会計の処理についての妥当性、有効性を判断する際に訴訟の場において法曹人が使う言葉は、「公正なる会計慣行」一本でした。それが現在、会社法の世界においては、431条ですが、「一般に公正妥当と認められる企業会計の慣行」という言葉に変えています。「基準」と「慣行」の違いはありますが、そのコンセプトはほとんど同じになりました。これも大きな転換です。

橋本 そうした転換というのは、会計の原則、基本原則というものが、会社法の本文の中に収められたということです。これまでの斟酌規定が、株式会社に関する431条規定もそうですが、同様の規定が会社法の614条で、持分会社についてもおかれています。実質的な規定の内容は変わりませんが、これからは、「一般に公正妥当と認められる企業会計の慣行」に従っていたかが問われることになるでしょう。

---

(13) 金融商品取引法第193条には、「この法律の規定により提出される貸借対照表、損益計算書その他の財務計算に関する書類は、内閣総理大臣が一般に公正妥当であると認められるところに従つて内閣府令で定める用語、様式及び作成方法により、これを作成しなければならない。」と規定されており、これに関する内閣府令である財務諸表等規則などにおいては、「一般に公正妥当と認められる企業会計の基準」という用語が使われている。

COSOの内部統制の統合的フレームワークの特徴

八田

特にわが国の場合は、企業関係者の皆さんは真面目ですから、内部統制について何をバイブルにして勉強し、あるいはいかにさらなる内部統制の向上を図るかというときに、COSO(14)が1992年以来20年を経て2013年に、大改訂して公表した「内部統制の統合的フレームワーク」が参考になるといわれています。

この中では、内部統制の目的をもう少し汎用性のある形に置き直して、報告目的、業務目的、遵守目的の3つをあげています。**1992年の報告書**(15)では、目的として、業務の有効性および効率性、財務報告の信頼性、コンプライアンスの3つをあげていました。企業における業務全般を包括する形での報告目的、そして、財務報告だけでなくあらゆる報告を総括するための報告目的、さらに、コンプライアンス全般に通じる形での遵守目的という形に改められています。このことで、結果的に会社法が指向している内部統制議論に非常に近いものになったのではないかと思います。

橋本

改訂版のCOSO(16)の翻訳に携わっていろいろと読みましたが、ここでも連続と変化

---

(14) トレッドウェイ委員会支援組織委員会（Committee of Sponsoring Organizations of the Treadway Commission：COSO）は、1985年に組織された「不正な財務報告に関する全米委員会」（通称、トレッドウェイ委員会、委員長はJames C, Treadway, Jr.元SEC委員）を支援した5つの団体（アメリカ公認会計士協会、アメリカ会計学会、財務担当経営者協会（現在の国際財務担当経営者協会）、内部監査人協会、全米会計人協会（現在の管理会計士協会）により構成される委員会である。

(15) COSO, *Internal Control－Integrated Framework,* Sep.1992.（鳥羽至英・八田進二・高田敏文共訳『内部統制の統合的枠組み－理論篇』『内部統制の統合的枠組み－ツール篇』白桃書房、1996年）

といいますか、過去20年間でビジネスおよび業務環境が大きく変わった中でも、20年をとおして変わらない部分と変わった部分がありました。基本的な考え方は不変です。内部統制の基本的な定義、内部統制の3つの目的と5つの構成要素がそれぞれ有効な内部統制に求められていることや内部統制の整備、導入、実施および内部統制の有効性の評価において、判断が重要となる点などです。他方、時代の変化、とりわけ、ITの飛躍的発展によるビジネスおよび業務環境の変化を考慮し、そうした変化に伴って変わった点として、第1は業務および報告目的の拡大です。第2は5つの構成要素の基礎となる17の原則の提示です。ただしこれらの原則は、1992年版フレームワークの各構成要素の基礎をなす考え方を具体的に列挙して体系化したもの、もともとあったものを明確化したもので、新たな原則を提示したものではありません。そして、第3に業務、コンプライアンスおよび非財務報告目的に関する適用方法と適用事例の追加といった点を指摘できるかと思います。

伊豫田 コンプライアンス、すなわち法令等の遵守については、当初からCOSOの内部統制の目的にも掲げられていますが、会計専門家が財務報告の信頼性に着目したのに対して、法律家はむしろコンプライアンスの側面を重視し、日本の会社法の中にいち早く導入しています。

橋本 企業統治を規制する会社法の視点からは当然そうなるでしょうね。

---

(16) COSO, *Internal Control—Integrated Framework, Executive Summary, Framework and Appendices, Illustrative Tools for Assessing Effectiveness of a System of Internal Control, Internal Control over External Financial Reporting (ICEFR) : A Compendium of Approaches and Examples,* May 2013.（八田進二・箱田順哉監訳　日本内部統制研究学会新COSO研究会訳『内部統制の統合的フレームワーク　フレームワーク篇／ツール篇／外部財務報告篇』日本公認会計士協会出版局、2014年2月。）

伊豫田　今後の方向性として、これまでは業務目的との関連から有効性および効率性という言葉が付けられていましたが、それだけではなく、コンプライアンスに関する適用方法と適用事例の追加といったことが新たに付け加えられたということなんですね。また、報告目的については、従来、財務報告に限定された議論がなされており、それも信頼性の観点だけから捉えられていたわけですが、適時性、透明性等、信頼性以外の観点もあるでしょうし、外部報告の他にも、内部報告や非財務報告まで含めて報告として一括りにすることで、報告すべき内容を「財務報告」と「非財務報告」に分類し、また、報告対象の観点からは「内部報告」と「外部報告」に分類、整理されていますね。

八田　見方によれば、２００４年のＣＯＳＯの「**ＥＲＭのフレームワーク**」[17]の考え方が踏襲されているということもいえるでしょうね。

橋本　新ＣＯＳＯ内部統制フレームワークは、原則主義のアプローチを採用し、内部統制の構成要素別に17の原則を提示して有効な内部統制を実現するためのマネジメントの判断材料を提供しています。また、17の原則の下に内部統制を整備・運用する手助けとなる87の着眼点も示して原則主義的な対応を促しています。

---

(17)　ERM（Enterprise Risk Management）は、事業体の取締役会、経営者、その他の組織内のすべての者によって遂行され、事業体の戦略策定に適用され、事業体全体にわたって適用され、事業目的の達成に関する合理的な保証を与えるために事業体に影響を及ぼす発生可能な事象を識別し、事業体のリスク選好に応じてリスクの管理が実施できるように設計された、１つのプロセスである。（八田進二監訳『全社的リスクマネジメント‐フレームワーク篇および適用技法篇』東洋経済新報社、2006年。）

八田

実質的な内容の部分での特徴も変わったのですが、やはり本当に内部統制の考えが名実ともに全社的に浸透しているということが立証されるためには、各企業がステークホルダーの期待に応える形で健全な活動を行い続けることだと思います。内部統制の目的を達成するための基本的な要素について、ＣＯＳＯの報告書もそうですが、企業会計審議会が公表した基準書の中にも評価項目例というものを提示しています。そうした要素が適切に整備されて、運用されているかどうかを評価するところに内部統制評価の本質があるのです。

橋本

おっしゃるとおりですね。

経営者不正と内部統制の問題を考える

八田

内部統制は不正を防ぐためにあるともいわれており、実際に企業で何か不祥事が起きたときに、よく企業経営者が謝罪ないし、社会に対して説明をする場合の常套句として、「当社は内部統制が有効に機能していなかった」と発する場面が非常に多くなっています。その場合、厳密には、内部統制の構成要素の何が機能していなかったのか、それを明確にしなければ、何ら説得力のある説明にはなっていないのです。COSOが掲げる内部統制の5つの構成要素、日本の場合はさらにITへの対応が入って6つになっていますが、このうちの何といっても重要な要素は「統制環境」です。いわゆる経営者の姿勢、倫理観、経営哲学です。この辺の理解はどうなんでしょうね。

伊豫田

企業不正の問題というのは突き詰めていくと、経営者不正に行き着きます。**内部統制の限界**(18)の1つに経営者による内部統制の無効化があげられます。結局、いくら優れた内部統制を会社経営上の仕組みとして整備して運用したとしても、経営者がその気になれば誰にも経営者を止めることができない以上、内部統制はその機能を発揮できません。経営者自身が、自社の内部統制が機能していませんということ自体、実は自分自身が内部統制をな

(18) 内部統制の限界として、①内部統制は、判断の誤り、不注意、複数の担当者による共謀によって有効に機能しなくなることがある、②内部統制は、当初想定していなかった組織内外の環境の変化や非定型的な取引等には、必ずしも対応しない場合がある、③内部統制の整備および運用に際しては、費用と便益の比較衡量が求められる、および④経営者が不当な目的のために内部統制を無視ないし無効ならしめることがある、といった点が指摘されている。

いがしろにしてきたということの裏返しに他ならない気がしますね。

橋本　経営者は、組織内の誰よりも統制環境に係る諸要因およびその他の内部統制の基本的要素に影響を与える組織の気風の決定に大きな影響力をもっていますからね。

八田　COSOの内部統制の考え方が紹介される前の日本では、内部統制というものについて、それは経営者から下の組織階級の人たちをコントロールするものであり、一番上にいる経営者をコントロールすることはできないから、そこに限界があるともいわれていました。

伊豫田　まさに、従業員の不正を抑止ないしは発見するといったイメージでしたよね。

橋本　加えて、誤謬の発見ということもありますよね。

八田　確かに経営者には権限があるから内部統制を無視することはあるかもしれません。しかし、経営者の誠実な姿勢を明示して、健全で倫理的な考え方を全社的に浸透させているならば、その結果、自分もそうしたコントロールの網の中に入るのだということです。つまり、経営者として率先垂範で誠実な行動をとるようになることから、自ずと、経営者についても内部統制の範疇に含めて考えることもできるということです。

もう1ついくつかの不正事例等で指摘できるのは、日本の会社組織の中での脆弱な内部統制の要素は「情報と伝達」に関するところだということです。つまり、常に真実な情報が適時適切に作成され発信されなければなりません。またそれが円滑に風通しよくあらゆるチャネルを通じて伝達されなければいけない。この2つの側面があるのですが、一般に、現場や顧客サイドからの悪い情報がトップにまで届かず、どこかで遮断されてしまう場合が多い。誰かが情報を止めてしまうのですね。そのことによって、結果的に優秀な経営者であっても、情報を入手できなくなり、不祥事等の発見が遅れ企業価値を毀損してしまうのです。本当の意味での情報と伝達が機能していないということです。

伊豫田

いわゆる裸の王様になってしまうのですね。

橋本

特に悪い情報ほど下から上へあがってこないということは日本の会社によくあり得ることですね。

八田

一方、「統制活動」は書面等により約束事を決めて整備することが中心ですが、これに関しては日本企業は比較的真面目に対応しています。ただそこに魂が入っていないのかうまく機能しないときがあるので、非常にもったいないと思います。あるいは、リスクの問題です。COSOでは「リスクの評価」としかいっていませんが、日本は、「リスクの評価と対応」となっています。つまりリスクを認識したときに、いかにそれに対して対応措置を講じていくのか。ただ、いかなる組織でもリスクをゼロにすることはできません。企業経営そのものはリスクをとりながらリターンをとるものですから。

伊豫田　リスクが大きいからこそ多くのリターンがあるのです。

八田　ハイリスクであればハイリターンですね。ローリスクならローリターンかもしれない。ただ、一番いいのはリーズナブルなリスクないしはミドルリスクをとって、それに相応するないしはそれ以上のリターンが得られることです。ただ、言葉ではリスク、リスクといいますが、概してそれを適時に認識できない感度が鈍い人たちが多いように思います。

伊豫田　それは人によって違うかもしれません。経営者の資質や従業員の資質も人によって違います。優秀な社員もいればそうでない社員もいます。優秀な経営者もいればそうでない経営者もいます。それは当たり前ですが、それを念頭に置いた仕組みでもって対応していかなければなりません。簡単な話、優秀な人がたくさんいて、コントロールがしっかりと効いているのであれば、仕組み自体は比較的簡単なものでもいいでしょうし、反対の場合には、しっかりとした仕組みを作りこんでいかなければならないでしょう。

八田

それはそのとおりですね。

伊豫田

大事なことは、内部統制には必ず限界があるわけですから、その限界が人に起因する場合であれば、それを補う、あるいは押さえ込むことのできる約束事をきちんとしておかなければならないということです。統制環境によって作りこみ方が違ってくるのは当たり前の話だと思いますが、ここは重要なポイントでしょう。私は、内部統制を作りこんでいくときに一番重要なのは人の側面だと思っています。結局のところ、魂を込めることができるのは人ですから、最終的にはそこの問題に帰着すると思います。

橋本

ソフト面、実質面が重要だということですね。

八田

確かに人の問題でいえば、日本という国は世界に稀な単一民族です。そして国土が四方海に囲まれています。いわば純血主義で歴史を重ねてきました。ところが他国をみると、例外はいくつかありますが、大国は全部陸続きになっており、したがって、他国民族が自由に出入りできます。あるいはアメリカのように人種の坩堝といわれる国には、全世界の国の人々が集まってきています。その際、それぞれの国の人々の価値観とかものの考え方、倫理観あるいは宗教観は、大きく異なる場合が多い。そうすると、ある程度、明確な取り決めをしておかないと、さまざまなトラブルを引き起こすことになりかねないのです。

逆に日本は、単一民族であるために、あまり取り決めは必要ないのではないかということで、阿吽の呼吸、以心伝心的な部分で、会社の業務等も行われてきたのではないでしょうか。それでうまくいっていた時代もあったでしょうが、最近の会計の世界は特にグローバル化が進んでいます。企業社会もボーダレスとなってきたときに、「見える化」ということで、ある程度みえる形での規律づけないしは取り決めをしておくことが重要になってくるのは致し方ないことでしょうね。

橋本　新人類といわれた世代も大人になったし、さとり世代など日本人の中にも世代間ギャップを感じます。

伊豫田　経営者は、監査人による内部統制のチェックを受ける際に、少なからず抵抗感を感じてきたと思うんですね。なので、監査の実施レベルで内部統制の評価を受ける際に経営者と監査人との間に生じた軋轢のようなものが、内部統制報告・監査が制度化されることによって、監査人サイドからすれば、一定程度緩和されるんじゃないか思います。

橋本　それは内部統制報告・監査制度でも期待されるところですね。

伊豫田　わが国の企業の場合、その多くにおいて職務が明確に分化されていませんから、内部統制をもって個々の職務を可視化しようということは企業の文化風土における大きな転換だったと思います。ある意味、内部統制報告制度の導入は、企業における業務の仕切り方とか、従業員の仕事の仕方について大きな変革を生むきっかけになる可能性があります。あるいは、人の働き方とか、労働観とか、もっといえば、労働市場にも変化を及ぼす要因の1つにもなり得ると思います。

想定外と内部統制

橋本 よくリスクの発生可能性と影響度といいますが、今回の新しいCOSOの報告書では、リスクの速度が議論されています。また**東日本大震災**(19)のような想定外のリスクということも指摘されています。このようにこれまでリスクとして把握していなかったようなことも盛り込んで事業の継続性等を考えていかなければならない時代になりました。原発事故の問題や最近では**新幹線での火災事故**(20)がありました。これまで日本は安全な国だといわれてきましたが、これからは利便性と安全性のバランスを考えていかなければならないでしょう。

八田 リスクを認識するときに、それがどの程度重要なのか、わが社にとって関係のあるリスクなのかどうかという判断はなかなか難しい問題です。ただ、企業としてはリスクに対する感度を磨き続けなければなりません。そうしないと、現場サイドにおいてリスクと判断されなかった場合には、報告が上にあがってこなくなってしまいます。これからの社会、企業経営を安全に持続させていくためには、各関係者すべてが敏感なリスク感覚をもつ必要がありますね。

---

(19) 2011（平成23）年３月11日午後２時46分18秒に発生したマグニチュード9.0の大地震で、この地震により巨大津波や福島第一原子力発電所事故が起こった。

(20) 2015（平成27）年６月30日に東海道新幹線のぞみ225号の車内（新横浜―小田原間）で男が焼身自殺を図り、火災が発生した事件で、新幹線で初の列車火災事故。

それであっても、前例のない事案に対しては想定外ということで説明される場合も出てきます。しかし、想定外というのは、科学者の場合、絶対に使ってはいけない言葉だと思っています。人間は100%全知全能の生き物ではありませんが、例えば地震の専門家が地震が起きて津波が発生したときに、これは想定外だということで手を拱いているだけであれば、地震の専門家なんかは要りません。なぜならば、「地震があったら高台に逃げろ」とその一言だけいえば事足りるからです。想定外といえば何でも許されるのかというと、それは間違っていると思います。ただ人間社会は一寸先は闇ですから、ある程度そういったことを認識できるように感覚を研ぎ澄ますことが大切です。その感覚を研ぎ澄ますきっかけは、目の前に山ほどあります。

伊豫田　例えば、どのようなものがありますか？

八田　それは例えばですが、日々の新聞を開いてみることです。特に社会面を見てみると、世の中には内外を問わずたくさんの問題、課題ないしは不祥事があります。それをみて他人事だと思うのか、あるいは、これは業種や組織体制も違うが自分にも関係していることかもしれないと考えて、それを自社に置き換えて考えてみるのです。実際私はそういう感覚で、社外役員を務めている会社などについて、日々、考えることにしています。そして、少しでも気になる点があれば、直ちに関係者に問い合わせています。これを習慣化すると、ものすごい数の事例が身につき、感度も高まってきます。

橋本

私もまったく同感です。内部統制の不備に関する事例についても、枚挙に暇がないくらい報道されていますから。

伊豫田

人の振りみてわが振り直せという言葉がありますしね。リスクが発生したときにそれがもたらす帰結を自らが認識することが大切です。万が一こういうことが自分の会社で起こったらどういったことになるかというある種の想像力が重要です。人は経験に学び、それをベースにしながら想像力を高めて将来を予測していかなければなりません。

例えば、大きな荷物を担いで混雑した電車に乗って、その荷物が人にあたって怒らせたとします。そういうことを実際に経験してから認識するのではなく、経験する前に、混雑した電車に大きな荷物を持ち込むとそういうことが起こり得るという想像ができるようにならなくてはいけないのです。ある意味、人としての感性を高めることが大事ということでしょうか。

八田

まったくおっしゃるとおりですね。

別にこれは内部統制だけではなくて、ビジネスの世界においても同じですね。同じ事象であっても他者の立場でみたとき、まったく逆の見方があることに気づくものです。例えば売り手の立場で良いものをつくれば売れるという時代もあったかもしれませんが、買い手の立場からみると、今はもうそんなものは欲しくないということであれば、まったく売れなくなるということです。

かつて、若い人たちを捉えてマニュアル人間だとか、指示待ち人間だといって揶揄していたときがありました。最近では、スマートフォンを片手にデジタルの世界で、マン・ツー・マンコミュニケーションではなくて、マン・ツー・ディスプレーコミュニケーションがなされています。そのため、会話をする際に相手の顔をみないために、人の顔色をうかがうことができない人も多いと思います。ある場面を想定したときに、周りの人はどのように思い、どのような行動になるだろうと配慮することができないところに大きな課題があります。

橋本　特に日本人にとっては、コミュニケーション能力、プレゼンテーション能力が大きな課題ですね。

伊豫田　人と人との交流の中で物事を判断し、自分の考えを主張することの重要性をなかなか理解できないのかもしれませんね。ある会社の方から次のような話を聞きました。

全然挨拶をしない新入社員に対して上司が挨拶するよう指導したところ、最近の若い方たちは非常に素直ですから、わかりましたと答えたそうです。ところが、翌日もこの新入社員は挨拶をしなかったそうです。上司がおかしいなと思いながらメールをチェックしたところ、この新入社員から「おはようございます」というメールが入っていたそうです。

橋本 冗談のような話ですが、確かにあり得ることですね（笑）。

伊豫田 つまり、人と人との関わりの中で物事を考えることができなくなってくるとそのような話になるのだと思います。リスクに対する感度についても同じことがいえるわけで、現実には、こうした現状の中でリスクに対する感度を高めるというのも、なかなか難しい問題なんでしょうね。

ご存じのとおり、わが国はものづくりが得意な国です。最近流行ったテレビドラマにもあったように、日本の技術者はきわめて誇り高く、製品のスペックを限界まで高めようとするところがあります。それは大変良いことですし、それが戦後わが国の経済をここまで発展させる大きな原動力になったこともいうまでもないでしょう。ただ、その反面良いモノを作りさえすれば必ず売れるという確信めいた考えが支配しているようですが、必ずしもそうではありません。例えば、顧客からすればそこまでスペックを高めたり、機能を高めるよりも、むしろもう少し安価で使いやすいモノを作ってほしいということがあるわけです。

八田　確かに日本人にはそうした一面があります。

伊豫田　良いモノが売れるのではなく、売れるものが良いモノだということもあるのです。八田さんのご指摘のように、同じ事象について他者の立場でみたとき、まったく逆の見方があることに気づく必要があるというのもまさにそのとおりで、見方を変える、あるいは立場を変えて物事をみることで、リスクに対する感度を高めることができるようになり、結果として、それが企業の内部統制の改善につながるのでしょうね。要するに、他と場面を置き換えて考えていくというところはビジネスの世界では当たり前なのですが、近年は、そのあたりが見失われているように思います。

コーポレート・ガバナンス議論と内部統制議論の関係は

八田

経済を活性化し国力を高めていくためには、その国の経済力が高まっていかなければなりません。残念ながら日本は、１９９０年初頭にバブル経済が崩壊し、失われた10年、さらには20年が過ぎました。そして政治も不安定な時期がありました。幸いにも安倍政権になってからは、いわゆるアベノミクスで、２０１４年改訂の**「日本再興戦略」**(21)の中に、企業の稼ぐ力を高めるための具体的な諸施策を講じる流れがみえてきました。その中に、コーポレート・ガバナンスを強化するという議論が織り込まれています。また別のところでは、ＩＦＲＳの適用に関して加速度的な導入も進められています。これは公開会社を中心とした企業の国際対応に向けた競争力を高めていく施策の一環です。

伊豫田

そのコーポレート・ガバナンスの議論と並行して、機関投資家が遵守すべき行為規範としてのスチュワードシップ・コードが２０１４年に公表されました。そして、会社法の改正と歩を合わせる形で、東京証券取引所と金融庁が共同で**「コーポレートガバナンス・コード」**(22)を公表し、２０１５年６月１日から実際に上場会社に適用されました。すでにヨー

(21) 平成26年６月24日公表の「日本再興戦略」改訂2014─未来への挑戦─」

ロッパでは、企業の重要なステークホルダーの1つである機関投資家に健全な投資行動をとらせるために、機関投資家による投資意思決定に際して、かかる規範やコードを遵守している会社への投資を促すということが行われていますが、早晩わが国でも同様のことが行われるようになるんでしょうね。いずれにせよ、コーポレート・ガバナンスの問題は、わが国だけでなく、今後、世界レベルで議論される、企業経営に関する重要な論点になると思います。その意味でも、コーポレート・ガバナンスに関する正しい認識が必要でしょうね。

八田

そもそもコーポレート・ガバナンスとは何なのかという難しい議論がありますが、これは先ほどのCOSOの報告書の中に、コーポレート・ガバナンス、全社的リスクマネジメント（ERM）、内部統制、この3つについて、［図表4］

［図表4］ガバナンス、ERM、内部統制の関係

出所：COSO, Internal Control — *Integrated Framework, Framework and Appendices, May 2013,* p.181.（八田進二・箱田順哉監訳 日本内部統制研究学会新COSO研究会訳『内部統制の統合的フレームワーク　フレームワーク篇』日本公認会計士協会出版局、2014年２月、215頁。）

---

(22) コーポレートガバナンス・コードは、企業統治の強化を目的として制定された規範で、企業統治のための具体的な細則を定めた規定集ではなく、企業統治に関わる原則を示したものであり、2015年６月から適用されている。

本コードは、①株主の権利・平等性の確保、②株主以外のステークホルダーとの適切な協働、③適切な情報開示と透明性の確保、④取締役会等の責務、および⑤株主の対話に関する指針といった、５つの基本原則から構成されている。本コードの制定に伴い、東京証券取引所は上場規定を一部改訂し、従来からあるコーポレート・ガバナンス報告書に、本コードの実施に関する情報開示を義務づけるとともに、これを実施しない場合には、その理由を明記することを求めた。

のような関係図が示されています。企業経営全体を議論していく場合の方向づけ、あるいは立ち位置を示すものとしてコーポレート・ガバナンスがあり、その中に、全社的リスクマネジメントがあるという考え方です。さらに、その中核が内部統制だという考えです。

これら3者の関係についてはいろいろな議論もありますが、一般にも、内部統制はコーポレート・ガバナンスの中核にあるといえます。その意味でこれまで議論してきた内部統制が、このガバナンス議論においてもさらに強化、強調されてきたとみて取ることができます。これがいわゆるコード化、規程化されて議論されてきているということです。

橋本

いままではコーポレート・ガバナンスとERMと内部統制の関係についていろんな議論がありましたが、COSO報告書に盛られた図によって、最低限のところは内部統制で縛っていき、その中でリスクマネジメントをERMで展開して、全体的な大枠はコーポレート・ガバナンスでしっかり押さえていくというような3者の関係性が明確化されました。

COSOは、今般の報告書改訂の次には、**ERMフレームワーク**(23)の見直しを進めているようですので、新しい考え方が出てくればまたこの3つの関係性がよりはっきりしてくると思います。

八田

「日本再興戦略」では、稼ぐ力をもたらすためにガバナンスの議論が重要であるとの説明がなされていますが、一般の企業関係者に聞きますと大半の方が、コーポレート・ガバ

---

(23) COSOは、2004年9月29日に「全社的リスクマネジメント—統合的フレームワーク(*Enterprise Risk Management—Integrated Framework*)」(ERMフレームワーク)を公表したが、2014年10月21日には、ERMフレームワークの改訂プロジェクトに取り組む意向を明らかにしている。

ナンスは、稼ぐ力を削ぐ規制強化だろうとみているようです。そのため、モチベーションが下がってかえって稼ぐ力が落ちるのではという意見もみられます。しかし、私はこの「再興戦略」における考え方を高く評価しています。

国際社会においてもそうですが、ガバナンス議論であるとか、内部統制議論は、規律、責任の強化といった点に重きが置かれており、その責任者のアカウンタビリティが問われる場合が通例です。そうではなくて、まずもって会社は繁栄して、持続的な発展を遂げていかなくては意味がありません。コーポレート・ガバナンスは、そのために必要な道具立てだということです。

企業の持続的繁栄（サステナビリティ）と結びつかないガバナンス議論あるいは内部統制議論は、意味がありません。そういう基本的な視点を等閑視する経営者は、規制強化のための内部統制は不要だということで、真面目に取り組むことをしないのです。しかし、ポジティブな議論に結びつくと、内部統制の重要性がより一層理解できるはずです。ただこれが浸透するかどうかが、これからの課題です。

伊豫田

コーポレート・ガバナンスは企業にさまざまな活動上の制約を課すといったネガティブな側面から捉えられるべきものではなく、むしろそれは企業の稼ぐ力と非常に密接な関係にあるという意味で、ポジティブな側面から捉えられるべきものだと思います。というのも、しっかりしたコーポレート・ガバナンスを構築することによって、企業にプラスの評価や価値を生み出すことができるからです。

橋本

しかし、どうもわが国ではそうした考え方が馴染まないですね。実際に企業活動にプラスに働く事例はいくつもあるんでしょうが。

伊豫田

例えば、新幹線を海外に売り込む際に、他国の高速鉄道システムと競合することがあるわけですが、日本の新幹線技術の素晴らしさは、何よりも他国の技術にはみられない信頼性にあるわけです。つまり、1964年の開業以来50年もの間、大きな事故がなく、車両や設備の事故による死者が1人も出ていないというところに一番の長所があるわけです。しかし、そうした信頼性を得るまでには、しっかりしたシステム作りというハードの側面と、きちんとした規律を作って、適切な従業員教育を行うといったソフトの側面の両方において、相当な努力がなされてきているはずです。こうした努力の結果得られた安全性こそが、日本が海外に向けて製品を輸出する際の大きな利点になっているのです。つまり、コーポレート・ガバナンスを通じて企業の製品や企業の行動に対する信頼性や安全性を高めることによって、自社や自社製品に対する付加価値を高めることができるようになると思います。

八田

その意味で、コーポレート・ガバナンスが経営戦略上重要な役割を果たすことは間違いないですね。

伊豫田　これと同様に、監査についても法律で実施が義務づけられているから仕方なく監査法人に依頼しているといった消極的な捉え方ではなく、自ら積極的に監査を受けることによって、また監査人に積極的に協力することによって、自社が社会の信頼に足るしっかりした会社であるという評価を確立することができるようになれば、資本コストを下げることができるでしょうし、あるいは外国から投資を呼びこむことができるでしょう。したがって、コーポレート・ガバナンスは単に規制強化を意味し、企業行動に対する過大な干渉を及ぼすものであり、企業にとっては必ずしもありがたい存在ではないというわけではないと思います。

橋本　おっしゃるとおりですね。

「攻めの議論」と「守りの議論」について

八田

ガバナンスについて、最近、守りの議論か攻めの議論かという話がありますが、まさに攻めの議論ですね。

橋本

誰しも攻めは強くても、守りには弱い面があります。内部統制は事前のセーフガードであり、マイナスを防ぐのみならず、プラスをもたらすシステムとして、また、内部統制は優れたコーポレート・ガバナンスの一環であり、その中核であると捉えることにより、攻めの手段として十分活用できますね。

伊豫田

情報開示にしても監査にしても、結局は「攻め」だと思います。投資意思決定に役立つ情報を積極的に開示していく、あるいは自ら積極的に監査を受け、監査人に協力していく、こうした取り組みによって、自社に対する世間の信頼を高めることができるんじゃないでしょうか。

八田

そのとおりですね。

伊豫田

例えば、企業が誤って不祥事を起こした際、経営者が単に謝罪するだけではなくて、何が原因であったのか、今後同じことが起きるのを防ぐためにどのように対応するのか、こうした情報を積極的に開示することが重要です。先般中国の工場で大爆発がありましたが、こうした事故が起きた際、多くの人が不満に思うのが、なぜ事故が起きたのか、誰がどのような責任をとるのか、今後どのように対応するのかといったことについての情報が適時適切に開示されないという点です。一体何が起こったのか、責任は誰にあるのかということがわからないかぎり、損害を被った人たちは納得できるはずがありません。

やはり、情報開示にしても監査にしても、またガバナンスにしても、攻めの側面が大事なわけで、その点はもっと強調されて然るべきかと思いますが、八田さん、どうですか。

八田

真実な情報の適時開示の度合いは、民主主義の成熟度と比例すると思います。

実際に民主主義社会は、皆がすべての情報を共有するとともに、そこで下した自身の判断結果については自己責任である、といった考え方に根差しています。ただこの自己責任という考え方については、誤った使われ方をしている場合が大変多いです。つまり、何の情報も示さないで、何か事が起きたときに自己責任だと、誤った使い方をしている方もいます。それは、民主主義社会が成熟していない世界では、情報封鎖、情報の隠蔽ないしは歪曲がなされるのです。これはわれわれが考えている情報化社会以前の問題ですけどね。

伊豫田

政治の話とも通じると思うのですが、例えば、国民に対して自己責任を求めるのであれば、自己責任を問うことができるための最低限の情報開示が前提となるはずです。民主主義的な意思決定システムのもとで政治的な判断や決定を国民に委ねる場合には、そうした意思決定を行うことができるよう、適切に情報を開示することが何よりも重要です。八田さんのご指摘のように、情報をどのように提供し、透明性を高めていくのかということは、まさに民主主義の成熟度と密接な関係があります。

橋本

実際、民主主義の発展していない国では、情報開示も不十分ですよね。証券市場すらない国もあります。

伊豫田

経済の民主的な運営とか民主的な経済という言い方をよくしますが、民主主義的な意思決定システムと私有財産制・分権的意思決定を基礎とする市場主義経済システムとは不可分の関係にありますし、それらを支える適切なディスクロージャーシステムの存在も不可欠です。そういう意味では、これらの要件をいずれも満たさない中国経済は、いずれ限界にぶつかることは間違いないでしょう。

八田

私もそう思います。中国経済についてはすでにカウントダウンは始まっているのではないでしょうか。

伊豫田

契約や取引の自由があって、そしてそれらを支えるための情報の開示があって初めて民主的な自由主義経済が成り立つわけです。それらの要件を欠いたままでは健全な経済の発展は困難だと思います。また、偽の情報を開示したり、不良製品を平気で販売するような商道徳の未発達な国では、相手を信頼して安心して取引することはできません。資本主義経済の最低限の約束事が守られていない場合にも健全な経済の発展は望むべくもありません。この意味でも、先ほど申し上げたように、しっかりしたコーポレート・ガバナンスを確立し、社会における自社の信頼性を高めることによって、自社や自社の製品に対する付加価値を創出することが大事です。

橋本

中国製品は偽物が多く、中国の人が日本に来て日本製品を買っていくのは、本物であるという安心感、信頼感があるからです。情報についてはなおさら、透明性や信頼性が求められます。突き詰めていけば発信者の信頼性という人の問題、人間性の問題でしょうね。

八田

内部統制の議論をしていくと、結局、組織を健全な方向に維持していく際に、その中核には人がいるということ。リスクの問題でも想像力を高めなければならない、広くは人間力になるかもしれません。過去の不祥事をみても、何か問題があったときでさえ、なかなか組織は変わりません。会社の社風は、長い間培ってきたものですから、良きにつけ悪しきにつけ、そう簡単には変えられないということです。

内部統制の議論でいえば、会社組織の中で変えてはいけないこともあると思います。しかし変えなければいけないこともあります。でもなかなか変えられないのが通例です。特に、経営サイドからみた場合、過去の成功体験に囚われたり、また、リスクをとれない気質などが原因で、結果的に経営者の意識の中に慢心とか、おごりが芽生えたり、場合によっては鈍感さにつながってくる可能性があります。

それともう1つは、改革をしなければならないときに、それにブレーキをかけてしまうこともあります。既得権益が奪われることに対するリスクですね。口でいうのは簡単ですが、これはなかなか思うようにはいきません。

国際社会において日本経済が戦っていくためには、国をあげていい方向にもっていかなければなりません。そこで最後は、会計教育における課題という視点で、会計、監査、そして内部統制のいまについて考えてみたいと思います。

第４部　会計教育の課題とわが国会計社会の発展に向けて

これまで会計のいま、監査のいま、内部統制のいまということで、まさに証券・資本市場の中枢を担う機能、あるいは社会のインフラとしての会計、監査そしてガバナンスの中核をなす内部統制の議論をしてきました。こうした領域の問題が多くの人たちに正しく理解されることによって、その国の経済の健全な発展も望まれるものと思われます。そこで、本書の締めくくりとして、第4部では、「会計教育の課題とわが国会計社会の発展に向けて」と題して、経済社会のインフラとしての会計、あるいはそれを支える監査、内部統制という観点から、日本経済の発展と会計教育の課題について考えていきたいと思います。

経済社会のインフラとしての会計

八田

まず、経済社会のインフラとしての会計から、考えてみましょう。

伊豫田

ここで経済を考えるとき、市場経済化ということが1つの大きなキーポイントになると思います。わが国では、伝統的に官主導の統制経済という色合いが強かったですが、特に企業の経済活動のグローバル化という流れの中で、そうした特徴が少しずつ薄まってきて、自由闊達な市場ベースの取引を主体とする方向へと進んできています。中国でも、社会主義統制経済のもとでの市場取引という、何やらよくわからない仕組みになっていますが、次第に資本主義市場経済へとシフトしていくと思います。

橋本

いずれもそうなっていくでしょうね。

伊豫田

ただ、こうした市場経済のベースになる政治的な仕組みというのが民主主義政治体制であることはいうまでもありません。そして、民主主義政治にせよ、市場経済にせよ、それらが制度としてうまく機能するために何よりも必要な基礎的インフラが情報公開です。つまり、包み隠さずさまざまな情報を開示するためのディスクロージャー制度が、非常に重要な位置を占めてくると思います。

橋本　資本市場における自己責任原則を確立する前提として、十分な情報開示、信頼し得る情報開示を担保するディスクロージャー制度の充実が不可欠ですね。

伊豫田　もちろん、このような情報の開示に伴って、情報の信頼性を保証するために実施される監査の役割が高まることも当然です。情報の公開と情報に対する監査はまさに表裏一体、車の両輪として働いていくということです。ですから、これから世の中が統制的な方向に進むとか、民主主義とは逆の方向に進むというのであれば別でしょうが、社会全体が民主化されて市場経済が進んでいくという中で、まさに情報公開の1つの柱である会計ディスクロージャーが、ますます重要な意味をもってくると思います。

八田　民主主義社会では、すべての人々が同じ質、同じ量の情報を、適時に入手できて、自分の責任で意思決定を行うということが基本です。その結果、生ずるであろうリスクは自分で負担しなければならないということです。また、国全体として会計に対する理解が進み、それを支援する体制が整っている場合に、成熟した民主主義を備えた国家ないしは社会と呼ぶにふさわしいと思っています。つまり、会計の成熟度と民主主義の成熟度は比例関係にあるとの考えをもっています。そもそも会計の原点ともいえるアカウンティングの語源自体が、説明したり、開示したり、あるいは報告するということですから、これはまさに民主主義の基盤をなす考え方と捉えられるからです。

橋本　いわゆる共通の土俵に立つことが求められるグローバル化の中で、日本としてのアイデンティティというものを発揮しながら、国際社会の中でいかにして発言権を強め、存在感を増していくか、そのためには日本のいろいろな制度設計を国際的な標準に合わせるとともに、そこでしたたかといわれるほどに戦略的に対応して日本の意向を実現していかなければならないと思います。いままでは、追いつき、追い越せでやってきたわけですが、経済の存在感というのは、会計にも大きく影響します。21世紀初めまでは、世界の約7割を占める日米欧が手を組めば、世界をリードし、思うように動かすことができたわけです。しかし現在では、「図表5」のように、BRICs[1]をはじめ

［図表5］資本市場のグローバリゼーション（国内の時価総額）

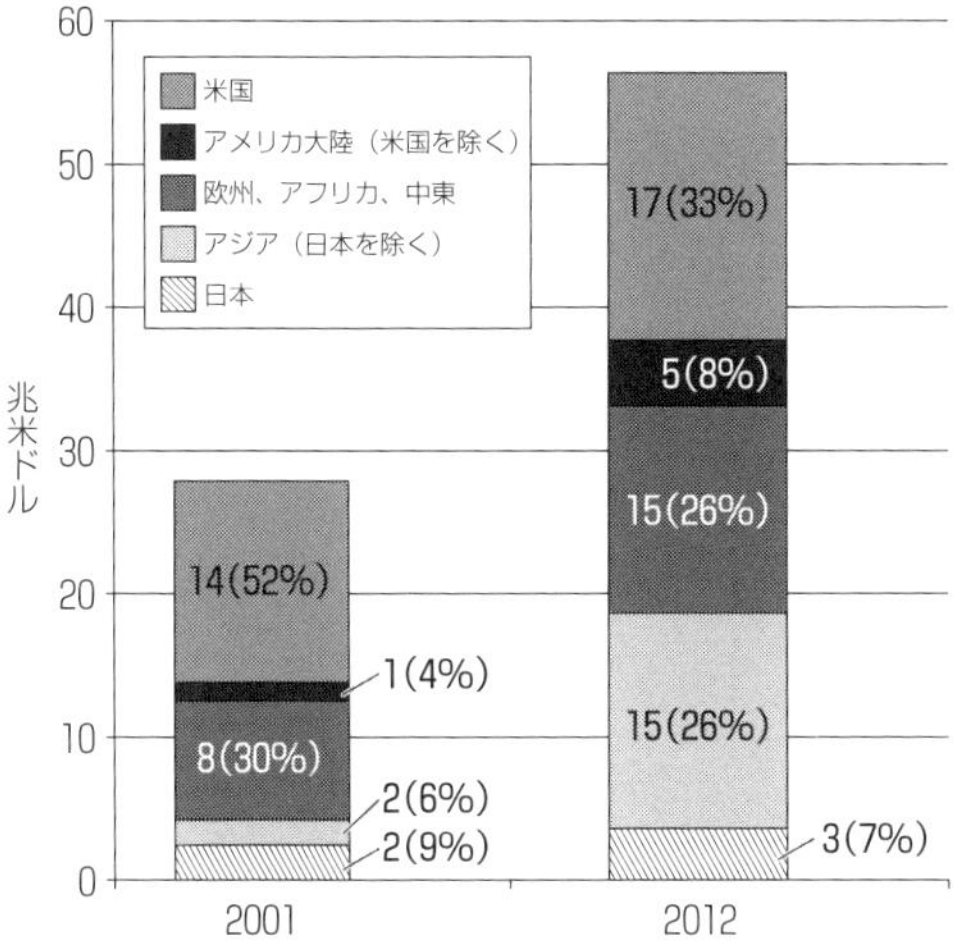

出所：国際取引所連合

(1)　21世紀に入り、著しい経済発展を遂げているブラジル、ロシア、インドおよび中国の４ヶ国の英語頭文字から作られた総称。なお、これら４ヶ国に南アフリカ共和国を加えた５ヶ国は、BRICSと総称される。

とする新興国が台頭していますので、世界的なシェアをみると日米欧の存在感がどんどん低くなっています。

日本はますます超高齢化や少子化社会へと向かっていく中で、今後10年とか、30年、50年を見越してどのように戦略的に世界と向き合っていくべきなのでしょうか。また、同時にアジア諸国からも尊敬されるような、あるいはお手本となるような国づくりを進めていく上で、その重要な会計を中心とした経済的なインフラをどのように今後持続可能な形で発展させていくかに関する国家のグランドデザインが必要になると考えています。

説明責任（Accountability）が問われる社会の基礎をなす会計的発想

八田

会計というと、日本語の語感から計算というイメージが強いようにも思われますが、それは少し違うと思っています。Accountingの本質はaccountabilityに象徴されるように、この説明責任ないし真実な情報のディスクロージャーという視点こそが重要だと思っています。

伊豫田

情報公開あるいはディスクロージャーについて考えるときに重要なことは、情報を提供する側とそれを受け取る側との間に情報の非対称性が存在するということです。その状況下で、情報作成者が情報の秘匿を行ったり、虚偽の情報を開示する可能性があることから、社会的緊張が生み出されるのです。つまり、よくいわれるように、非常に力をもった行政機関が情報をコントロールするような状況になると、ある種の社会的緊張関係が生じてしまって、世の中は決して良い方向には進んでいかないということです。

橋本

それはそのとおりですね。

伊豫田　例えば、戦前の日本でみられたような、いわゆる情報を通じた世論操作によって、人々の行動を誘導するといったことが起こり得るのです。つまり、情報が人間の行動を大きく歪めてしまう、マクロレベルで国の動向を誤らせてしまうという非常に困った問題が出てきます。

政治的な側面でも経済的な側面でも同じで、時代や洋の東西を問わず、情報提供の適切さは、われわれの社会がうまく機能するための非常に重要なポイントだと思います。われわれは情報公開の問題に関わる人間として、常にこのことを頭の中に置いておかなければなりません。

橋本　ディスクロージャーの基本は迅速性、公平性、正確性にあることはいうまでもありませんね。

八田　これまで議論してきた中で、私たちが考えている会計社会、あるいは会計をめぐる領域というのはかなり広いという認識があります。私自身、会計の領域ないし守備範囲について会計全体を示すイメージ図［図表6］を用いて説明しています。

この［図表6］からも明らかなように、大学などの授業科目で、会計系列の科目として伝統的には、複式簿記を学び、財務会計を学び、管理会計を学びます。そしてアドバンス

［図表6］会計の領域・役割

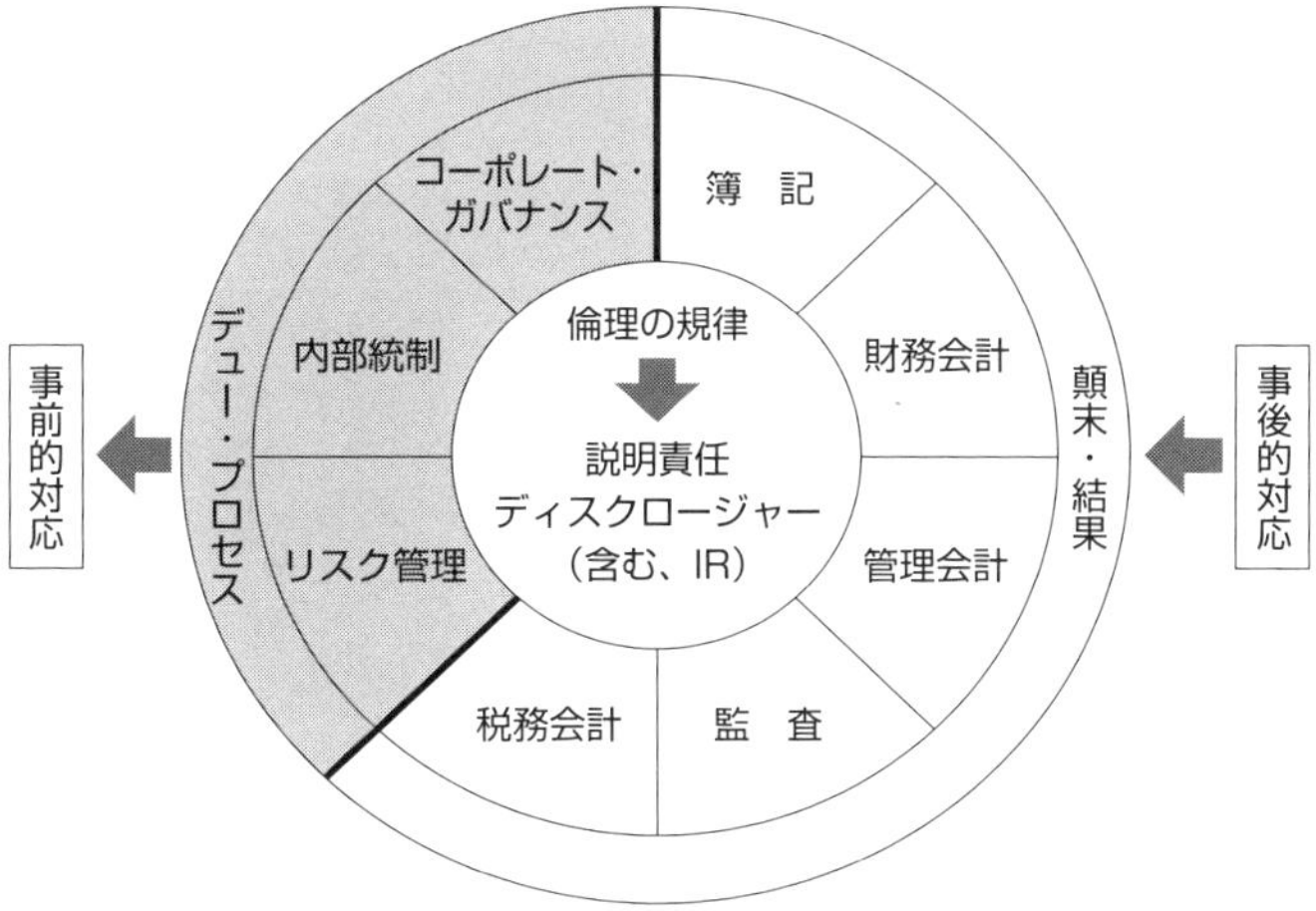

〔八田作成〕

コースないしは上級編として、税務会計、さらには監査論を学ぶのが、わが国の高等教育における基本的な会計カリキュラムです。これらを包含して広い意味で会計と称しているものと思います。しかし実はよく考えてみると、これらの学科目は、すべて企業活動とか、企業行動の後追いとしての業務ないし活動なのです。いわゆる事後的な対応の領域を担っているといえます。

橋本　なるほど。

八田　しかし、会計情報が将来に向けて意思決定に役立つ重要なインフラだと考えると、将来的思考、すなわちプロアクティブな視点での会計の領域があるだろうと思います。そうすると、それのすべてが会計領域だというわけではありませんが、例えば、リスクマネジメントの問題、それから内部統制の問題、さらにはコーポレート・ガバナンスの問題といったものも全部掌握して会計という議論がなされているのではないでしょうか。

伊豫田

まったくそのとおりですね。会計の定義、領域をどう捉えるかということだと思います。従来、会計は、簿記から始まってアドバンスコースとしての税務会計や監査を学ぶといったスタイルで捉えられがちだったのですが、もはやそういう狭義の話ではなくなりつつあるということですよね。会計はもともと説明するという意味をもっているわけで、説明のためのツールということであれば、それは何も会計に限った話ではありません。ビジネスアカウンティングという言葉が意味するように、もっと広い意味で会計を考えていくということが重要なんだろうと思います。

橋本

会計はビジネスの言語とも称されますからね。

伊豫田

昔、会計のパイオニアであった先生方の時代には、もっと広義の意味で会計が議論されていたような気がします。もちろん、いまのような利用者指向といった発想はあまり強くなかったのかもしれませんが、社会における会計の役立ちとかについて、もう少し幅広い議論をされていたと思います。それが次第に領域が細分化し、高度に専門化してきたために、いわゆる縦割りの狭いタコつぼのような世界になってしまい、部分均衡的な議論が幅をきかすようになってきたんですね。

橋本

昔も、帳簿を締め切るまでが守備範囲で財務諸表の作成は扱わないという個性的な簿記の先生がいました。

八田

なつかしい顔が浮かんできます（笑）。

伊豫田

経済学の世界でも同様のことが起こっています。大局的な視点から経済学を論じる専門家がいなくなってしまったので、非常に細分化された議論が幅をきかすようになっています。また、実は、医学の世界でもそういうことがあるようで、現代の医療では、いろいろな病気に対して対症療法的に治療を施せる領域は多いそうですが、例えば、アレルギーのような免疫機能全般に関わるような病気についての根治的な治療はほとんどできないということだそうです。学問や研究が高度に細分化・専門化した結果生じた、ある種のジレンマかもしれません。

橋本

そうですね。そういう意味では、会計をもう少し大きく俯瞰した目でみることが重要かもしれませんね。

「会計を知らずして、合理的な経済人足りえない」との考え

八田　思い起こしてみると、日本の西洋化が始まった時代の先駆者、例えば慶應義塾の創始者である福澤諭吉などは、日本最古の簿記書である翻訳書『**帳合之法**』(2)を上梓して、簿記教育の普及に多大な貢献をしています。技術的な色彩が強いといわれている複式簿記の原理ではありますが、複式記入の考え方をベースに、会計を取り巻くさまざまな問題を議論することで、社会に対して的確な貢献ができるのではないかと思います。つまり、物事を2面的に分解して捉えることで、他者の立場に立っての柔軟な思考が醸成されるのです。とりわけ、今日の市場経済においては、市場の動きとは無縁の状態で生活している人はいませんから、まさに会計を知らずして、合理的な経済人足りえないということです。

橋本　会計は、大海原を航海する船の**羅針盤**(3)にあたるものであり、組織も人も会計なくして経済の荒波を乗り切ることはできません。会計はまた、組織の経済的実態を的確に把握するための物差しとして、組織の真の姿を映し出す鏡としても重要な社会的役割を果たしています。そういう意味では会計情報なくして、ビジョンを描くこともできないでしょう。会

(2)　ブライアント=ストラットン（Bryant, H.B. and H.D. Stratton）の簿記書（Bryant & Stratton's *Common School Book-keeping*）を翻訳して1873（明治６）年に福澤諭吉が出版した本。その前年には『学問のすゝめ』が出版されている。

(3)　火薬、羅針盤、活版印刷術は中世の三大発明といわれている。

計情報が、どのような役割を果たしていくのかということを正しく認識した上で、活用していくことが重要で、会計の知識は現代社会に暮らすものにとっては、当然身につけておくべき素養であり、決して特殊な専門知識ではないという理解が必要だと思います。

伊豫田

企業に投資するかしないか、信用を供与するかしないか、企業と取引するかしないかといった経済的意思決定を合理的に行うためには、何よりも信頼のできる情報を適時に入手することが必要ですし、それを目的に照らして適切に分析することが必要です。こうした情報をもたないまま判断を行うことは、それこそ羅針盤をもたずに航海に出るようなもので、無謀のそしりを免れないでしょう。会計を通じてこうした情報が手に入るということを認識した上で、会計を通じて社会を見ることができるようにすることが必要です。資産や負債、収益や利益といった会計上の概念や用語は、何も専門家だけの特殊なものではなく、新聞やテレビなどでも日常的に使われているわけですから、会計を難しいものと考えるのではなく、身近なものとして捉えることが大事だと思います。実際、家計簿をつけるとか、小遣い帳をつけるといったことも会計行為の1つで、日頃われわれは特に意識することなく、こうしたことを行っているわけですからね。会計的思考を肌感覚として身につけることが何より大事だと思います。

会計教育、監査教育、そして内部統制教育について

八田

会計も1つの機能であり、それを履行するために人間の行動が関わってきます。そうした場合、会計知識を有する人たちが、会計の技法ないしは基準、あるいは、簿記技術といった会計上のツールを自由に駆使することができるといったときに、場合によってはその知識を悪用する場合もなきにしもあらずということから、これが会計不正や経営者不正という議論につながる場合も考えられます。そうなってくると、会計教育だけでなく、専門教育の大前提に、人としての教育として、例えば倫理性とか誠実性とか、人間力を高めるような教養教育が必要だという議論が大変重要性を帯びてくるわけです。

伊豫田

羅針盤という話がありましたが、大海原を航海するとき、おそらく昔の人はある一点から動かない北極星をみながら進路を決めていったわけです。つまり、何が大事かというと、いついかなる状況にあってもブレない視点、その起点となるものが必要だということです。

例えば、ツールとしての羅針盤も、そもそもの設定が間違っていれば、人を誤った方向、あるいは誤った結果へと導いてしまう。そうならないようにするためには、そもそも会計が目指すべきもの、あるいは会計を用いて達成しようとする理想の社会に対してブレない

視点をもつこと大事なわけです。それは、例えば、会計に携わる者の倫理であったり、誠実性であったりといった、いわゆるメンタル面での教育によって獲得されるような気がします。

橋本　会計や監査において倫理や誠実性が重要であることは、何度も述べてきたとおりですね。

伊豫田　私は勤務先の大学で長きにわたり監査論を教えてきましたが、プロフェッショナルとしての監査人になるためには、学生には、まず会計処理の方法および手続を定める基準や監査手続を定めた基準についてしっかり学ぶことが大切だと教えます。ですが、実は、一番大事なことは、まず、プロフェッションとしての監査人にはどういう素養が必要なのか、それをどのようにして身につけるかということです。それは、先ほどの話にもあったように、専門的な倫理だとか、誠実性を身につけるという話だけでなく、それ以前の問題として、人としての立ち居振る舞いとか、まさに人としての教養の部分が非常に重要だと思います。

橋本　私もまったく同感です。

伊豫田　ここで文科省批判をするつもりはありませんが、いま、教養教育を軽視している風潮があるように思いますが、専門教育だけが大学教育だと考える傾向は明らかに間違いであり、優れた職業専門家を育てるという観点からは、むしろ時代の要請に逆行しているように思います。

八田　日本の教育機関の目指すべき方向性については、いろいろな意見があります。例えば、いまおっしゃったように教養教育というものが軽視されていることが、本当の意味での人間力を高めることになっていないという批判です。ただ誤解してはいけないのは、われわれが大学生のときのかつてのカリキュラムの中に配置されていた、語学や体育等の一般教育科目がイコール教養教育とは呼べないということです。

翻って、大多数の人たちが大学等に進学するという高等教育の大衆化が始まったことにより、職業に密接にリンクしたような教育、つまり職業教育が等閑視されて、いわば通り一遍の大衆迎合的な知識伝承教育がなされているという現実です。したがって、卒業しても何か専門性をもつわけではない、あるいは、特に問題意識をもつわけでもないという、いわゆるニート社会を増幅させているとの批判がなされた時期もありました。確かに、教育はなかなか一筋縄ではいきませんが、1ついえることは、教育は長い年月をかけて議論をし、その結果を見届けなければならず、大変手間暇のかかる話だということです。残念ながら、日本はそうした時間のかかる作業を軽視しているのではないかと危惧しています。

橋本　アメリカでは高等教育で学んだ分野に就職するパターンが一般的です。日本の場合は、学部における専攻と就職先、将来の仕事が必ずしもリンクしていないという特徴があります。

また、**国際教育基準（IES）**(4)の考え方もそうですが、これまではインプットベースで、どれだけ学習したかということに着目していましたが、最近では、アウトプット、どれだけの学習成果、学習効果が得られたかを重視する傾向にあります。このような大きな方向転換が国際的に起こっています。しかしながら、日本の高等教育は旧態依然としたところに終始していて、しかも講義形式のものが大半で、大学におけるゼミナールなど限られた場を除けば、双方向教育やグループ学習などを通じていろんな形でコミュニケーションやプレゼンテーション能力を養うようなチャンスが昔もいまもほとんどありません。そういう根本から教育改革、意識改革をしていかないと、日本の将来を背負っていけるような有為な人材の養成は難しいのではないかと思います。

教育効果の評価も一発勝負のテストによる評価から学習プロセス全体を通した複数回評価へという国際的な潮流がありますが、日本の場合は、公平な評価に対する考え方がどうも違うようで、文章問題だと採点者の主観に左右されるので、客観問題が公平で、採点も楽だというような議論になってしまったりしています。

(4)　国際会計士連盟（IFAC）の国際会計教育基準審議会（IAESB）が定める職業会計士と職業会計士志望者のための会計教育基準。

伊豫田
会計教育も国際的なレベルで見直さなければなりません。ＩＦＲＳの作成・公表に伴って、これからの会計プロフェッションは、世界レベルで同一の共通基準を身につける必要が出てきますからね。
そうなると大学の会計教育カリキュラムが、国際レベルの教育に合わせる形で見直されることになるんでしょうね。

八田
例えばアメリカ型の会計教育を考えてみたときに、会計学部あるいは会計学科というものを独立して有する大学も多く、その学習年限も、４年を超えて5年間というところもあります。その場合、会計の専門領域を履修する前に、リベラルアーツと称される教養教育の期間を必ず用意しているのです。
そういう意味で、アメリカの場合には、会計という社会的機能が伝統的に社会に馴染んできているという現実があります。ところが日本は、会計学科も数少なくほんの一桁の大学にしかなく、会計学部などはまったくありません。ということで、せいぜい経営学部、商学部あるいは経済関連学部の中で、会計関連科目が設置されたり、学生が受講しているに過ぎないということです。つまり、高等教育の中における会計の重みや位置づけが全然違うということです。

橋本　世界の会計教育の世界ではアメリカ型のモデルとヨーロッパ型のモデルは知られていますが、日本やアジアの教育モデルについての理解はまだまだ不十分なようで、国際標準づくりにもっとアジアの意見が反映される必要があります。認証評価機関の問題も同様です。

伊豫田　例えば、中国では、いま非常に会計教育に力を入れています。ご存じのように、中国は共産党一党独裁という政治体制のもとで市場経済を導入している特異な国です。ただ、市場取引の拡大をベースにしながら経済を発展させようというときに何が一番必要かと考えたとき、彼らの頭に浮かんだのは会計なんですね。健全な市場経済の発展にとって、何よりも会計が重要であると彼らは考えているわけです。そして、そのことはまさに正鵠を射ているわけで、中国では、経済の発展に伴って、会計教育の発展も著しいのです。やはり、会計と資本主義経済制度の発展とは切っても切れない関係にあるのでしょうね。

橋本　そういえば、かつて国際会議で中国高官が会計教育に力を入れると発言していましたね。

伊豫田　それから、もう1つ、アメリカでは、八田さんがおっしゃったように、高等教育機関で十分な会計教育を行うには4年では短すぎるということで、大学院を視野に入れながら会計を教育しています。しかも、単に高度な会計知識を教授するだけでなく、プロフェッショナルを育成する基礎としてのリベラルアーツ、いわゆる教養教育をしっかりと行っているという点で日本の教育との決定的な違いがあります。

八田　日本でも幅広い教養を身につけるための教育が必要でしょうね。

伊豫田　このようなアメリカの会計教育から学ぶべきことは、高度な専門教育と人としての素養を高めるための教養教育の両方をしっかり行わなければならないということでしょう。おそらく、４年間の学部教育では少し難しいでしょうから、やはりわが国でも大学院を視野に入れた教育、プロフェッション養成のための会計教育が必要なのかなと思います。

八田　私と橋本さんが、１９８７年の日本開催からこれまで継続的に参加している**世界会計士会議**(5)ですが、２００２年のときに中国主導の下、香港で開催されました。そのときの講演の中で忘れもしないのが、当時の中国の**朱鎔基**(6)首相が行った記念講演です。彼は講演の中で、新たな21世紀の中国は、会計立国を目指すということを力説しており、その後、国家会計大学院を３校開設したのです。

橋本　北京、上海、厦門ですね。とても豪華な施設です。

---

(5)　世界の会計プロフェッションの交流の場である世界会計教育・研究者会議（World Congress of Accounting Educators and Researchers: WCAER）と世界会計士会議（World Congress of Accountants: WCOA）は、現在では、４年に一度、同じ年に原則、同じ国・地域で相前後して開催されている。1987年10月には京都で第６回国際会計教育会議が、東京で第13回国際会計士会議が開催された。

(6)　中国の朱鎔基首相（当時）の基調講演は、香港で開催された第16回世界会計士会議において、2002年11月19日に行われた。そこでは、「中国政府は会計職業界の発展を非常に重要視している」ことが強調されていた。

八田　そのときの講演はけっして忘れられません。つまり会計に強くなると、国が強くなる、ここにヒントがあると思っています。

では会計が成熟していない日本はどうなのかと見てみると、確かに日本の国家財政における債務残高もゆうに1000兆円を超えたままであり、また、毎年の予算規模をみても歳入よりも歳出がほぼ倍であるということが誰疑うこともなくまかり通っているのです。こうした状態は、会計計算上、誰がみても破綻状態になっているのですが、それに対して、誰も声を上げてこない。そして次の世代に負の債務を先送りしているのです。これではどう考えても次代を担う若い人たちから夢を奪っているのではないかと心配しています。つまり、ここに会計の原点があると思っているからです。

伊豫田　おっしゃるとおりです。私も多くの人が健全なアカウンティングマインドをもつ必要があると思っています。会計マインドの意味するところはいくつかあると思いますが、そのうち最も重要なのはバランス感覚ではないでしょうか。貸借対照表には借方と貸方があります。一方の資産と他方の負債、両者についてのバランス感覚をもつということが、家計であっても国の会計であっても、非常に重要だと思います。中国の朱鎔基首相が「これからは会計の発達する国が栄える」と話しましたが、その意味でいいますと、文明開化の明治時代、これから日本が近代化社会を目指していこうというその中で、福澤諭吉が『帳合之法』で簿記を説明し、会計を説明していったことは、まさに慧眼であったわけです。

八田 やはり先人の偉大さを痛感します。

橋本 日本の場合にはカリキュラムの面においても4年間、5年間でどういう内容を習得させるのか、いわゆる仕上がり基準のようなものについてのコンセンサスが得られていません。医師を養成する課程は、どこの医学部でも教育内容やその順序・段階に至るまでかなり統一性がみられるのですが、会計教育においてもそういった共通のカリキュラムや中核となるようなコアカリキュラムを整備していく必要があると思います。

八田 何といっても会計の基本は複式簿記です。前にも触れましたが、複式簿記の勉強をしてよかったなと思うことが1つあります。それは物事を2面的にみる習慣が身につくということ、つまり借方と貸方、あるいは貸し手と借り手、売り手と買い手といった具合に、常に物事を複眼的にみることで視野がずっと広がるのです。

例えば、自分の行動を相手はどうみているのだろう、自分の意見に対して相手はどう思っているのかといったことを、ブレーンストーミングという形での頭の体操を行うことで、柔軟な思考力が養成されるのです。これが、簿記会計を勉強した結果の、貴重な副産物であると思っています。

伊豫田

アカウンティングマインドとしてのバランス感覚ですが、それもいまのお話しと通じているると思います。複眼的に物事をみるということは、左サイドからみる、右サイドからみるといった具合に、物事の見方にはいろいろあるんだということです。いつもとは逆の方向からみることで、物事の違った側面がみえてくるのです。

橋本

片寄った見方を避けるという意味でも重要なことですよね。

伊豫田

この俯瞰的なモノの見方によって複数の見方ができるようになると、物事に対処する際のバランス感覚が生まれてくるのです。やはり、そういう意味でも、経営者は会計リテラシーを必ず身につけておくべきだと思います。また、家計に関しても、こうしたバランス感覚が必要なことはいうまでもないでしょう。会計教育というのは、大学に入ってから学ぶ簿記云々ではなくて、もっと早い段階から、いわゆる貨幣についての考え方とか貨幣計算についての考え方について、また資産や負債などについて教えるべきだというのが私の持論です。

橋本

国際的な面からいうと、異文化を理解することにつながるのではと思います。異文化とのコミュニケーションを図る中で、自国のいろいろな文化やアイデンティティを確認するという作業も必要でありますし、最近では、簿記の借方、貸方といった形でたたきこまれる**ステレオ方式**(7)から、**5.1 chサラウンド方式**(8)のような多方面から多様な声を聞くということも重要になってきていますので、そうした中で、左か右か、黒か白かだけではなくてもう少し複眼的・多面的にみるように、いくつかの軸を用いて、さまざまな見解を分類し、理解した上で、自らの主張を展開したり、他人とのコミュニケーションを図っていくことが必要ではないかと思います。

八田

それが、会計とか監査の最終的判断を下すときに求められている視点だと思います。つまり、判断する人の裁量として、認められた幅のある範囲の中で、どういう処理をしていくのかというときに、最も適切かつ真実な情報をもたらすための処理判断をどうしていくかということだと思います。健全な判断をするためのトレーニングをする教育基盤を養成しなければ、本当の意味での教育とはいえないでしょうね。

橋本

フェアな適正表示とはどういうものなのか、これもどういう視点に立っているのかという立ち位置によっても変わってくると思います。そういったさまざまな考え方を学びながら公正妥当な、適正な判断を下すような人間としての成長も、複雑な会計を理解する上では必要ではないかと思います。

---

(7) Stereophonicの略語で、左右2つのスピーカーで音声を再生する方式である。

(8) 音声の出力システムの構成の1つで、6つのスピーカーが使われ、もともと映画館で臨場感のある音響効果を再現するために開発された。モノラル（1ch）、ステレオ（2ch）よりも多くのチャンネル（3ch以上）を有する音声再生方式をサラウンドという。

八田

英語を日本語に訳すと、違った意味合いをもってしまう場合もありますが、会計および監査の世界では、リーズナブルという言葉があります。日本語で直訳すれば合理的ということですが、原語のリーズナブルとはかなりギャップがあります。しかし、これは専門用語で重要なキーワードですから、その言葉に対して確たる認識をもつことも必要だと思います。

会計、監査も内部統制議論も、基本的には社会科学の領域ですので、重要な概念や定義を疎かにしてはいけません。そうした前提の下で、理論的な考え方を敷衍することになるのでしょうから、理論についても手を抜かずにしっかりと勉強することが重要です。

橋本

会計基準についても何をもって高品質な会計基準というのかという何らかの尺度、判断規準が必要になってくると思います。監査における品質管理も同様で、どのような品質を念頭に置くべきかといった議論も必要になってくると思います。

八田

われわれの考えやものの見方に共感を覚えてもらったり、あるいは疑問をもちながら会計に親近感を抱いてもらいたいと思っている方たちというのは、自分は会計とは無縁だと思っている人たちです。あるいは、会計の専門知識はまったくもっていないと思っている人たちです。そして会計の世界にはこんな問題や課題、また夢や未来があるのだと理解していただけたらと思っています。

伊豫田

いま社会を賑わせている出来事を会計というツールを用いて切り取ったときに、実は、いろいろなことがみえてきます。一見混沌として複雑にみえる社会の出来事を自分の目でみるときに、視点が定まっていなければ何もみえてこない。絵を描くときのように、ブレない視点を決めることが何より大事なんです。会計は世の中をみる際の、社会のいろいろな出来事を切り取って分析する際の有用な視点を私たちに与えてくれるのです。

橋本

おっしゃるとおりです。

伊豫田

日経新聞に出てくる経済記事の中で、例えば、ギリシャの債務問題やわが国の財政問題について考えるときに、会計知識がある場合とない場合とでは、思考のレベルがまったく異なってくるわけです。

ですから、会計の知識を身につけるというのは、自分にとって縁遠い話ではなく、非常に身近で、日常的な話だということをぜひ理解していただきたいと思います。テレビをみている学生や主婦の方々に、会計というものをもっと身近に感じ、理解していただきたいと常々思っています。

社会人向けの教育、会計大学院の意義

八田

わが国では、進学率も高まって大学の大衆化が強く叫ばれています。そのため、大学を卒業しても専門性というものをもっていない方がほとんどです。したがって、企業社会においても、十分に役割を果たしていないという問題もあります。もう1つは、劇的に変わる社会制度の中において、昔とった杵柄的な知識ではどんどん陳腐化してしまうということです。そこで、社会人になってからの再教育ないしはリメディアル教育が必要になってきます。中でも、会計を学びたいという社会人が非常に多いということは、社会に出て、本当の意味で会計知識の重要性に気づくからに他なりません。

橋本

会計というのは今日の経済社会において、むしろ大学を出てから重要視されています。そういう意味で、再教育というニーズも高まりつつあります。そこでやはり、会計の教育に携わるものがその魅力を伝えるような講義、授業、教育方法を考えていく必要があると思います。

とかくわれわれは、専門用語で固めて社会の人が会計を学ぶという意欲をかえって削いでしまっているのではないかという懸念もあります。会計はビジネス社会の生きた言語で

あり、コミュニケーションの手段であるという原点を忘れずに、もう少しやさしい平易な言葉で語りかけるようないろんな場を作っていかなければなりません。視覚に訴えることも有効だと思います。まだまだニーズに十分応えられていないというのが実際のところです。

伊豫田

世の中に出てから、会計学の必要性を痛感するというのはそのとおりだと思います。例えば、ジェネラリストとして銀行に勤めた場合に、営業部で仕事するときにはそれほどでもないでしょうが、審査だとか融資の部門に回った場合には、たちまち与信先企業の財務諸表を読まなければならなくなります。中小企業のＢ／Ｓ（貸借対照表）やＰ／Ｌ（損益計算書）を読み解くという作業が当然必要になってくるんですね。

八田

もちろんキャッシュ・フロー計算書もね（笑）。

伊豫田

また、企業で何かのプロジェクトを立てる際には、予算や原価計算が必ず必要になってきます。このように、社会では会計を扱う場面がどんどん出てくるのです。つまり、企業に入って何がしかの仕事をするとき、会計と無縁でいるということはおよそ不可能なのです。

もちろん、その際に必要なのが簿記かというと、必ずしもそうではないかもしれませんが、ここで重要なのは、先ほどの話にもあったように、会計を通したモノの見方です。いずれにしても、私は、ビジネススクールやアカウンティングスクール（会計大学院）で、積極的に会計についてリカレント教育していくべきだと思います。

八田

たまたま元銀行にいた先輩と話す機会があったのですが、融資をする際、まず最低限の会計知識がないと対応できないとおっしゃっていました。まさに経営者の倫理観、内部統制の実質を確認するとともに、融資先のトップの人柄をみるともおっしゃっていました。加えて、融資先のトップの人柄をみるということでしょう。こうしたことも会計という広い枠組みの中で捉えて議論しているわけですが、それも踏まえて担当者の人間力を高めるための素養に、会計があるということ、これは間違いありません。ところで、われわれは実際の教育現場にいますから、どういう工夫をすべきか、あるいはどういう課題があるのかということを確認しておきたいと思います。まず会計教育について、現場サイドの悩み、課題、あるいは将来に対する展望などについては、いかがでしょうか？

橋本

やはり実学という側面もあるので、世の中の仕組み、ビジネスの全体像がわかっていない若い学生にとっては会計の勉強は無味乾燥なつまらないものとなってしまいがちです。簿記は大人の学問といわれるように、仕訳や会計処理だけでなく、その背後にある取引やビジネス活動についても理解も求められますから……。原価計算や管理会計でも、工場でどんな作業が行われているのかということも含めて、臨場感のあるケーススタディを使って双方向の授業を行っていく必要があると思います。また日本ではグループ学習やブレーンストーミングのように考えて結論を出すような教育も、まだまだ進んでいませんので、そのあたりもこれから教育方法として取り入れていく必要があるように思います。最近ではeラーニングも盛んですので、いろいろと最先端の会計の仕事内容をみせていく必要があると思います。

さらには会計情報の入手の仕方もインターネットを通じて容易に行うことができますので、生の教材に触れることによって、考えていきたいと思います。これまでは新聞の切り抜きなんかを扱ってきましたが、いまではＩＡＳＢの審議などもウェブ上でみられますので、学生の興味を引くような授業内容の工夫をしていく必要があると思います。

八田

橋本さんと私が10年前に、**『財務会計の基本を学ぶ』**(9)（同文舘出版）という本を出版したときに、「覚える会計から考える会計へ」というキャッチコピーをつけました。つまり受身の学習から主体的、能動的に学習するという意味です。そしてその行き着くところは、プロとしての判断を行使できるようになってほしいということです。それが会計社会にとって不可欠だという問題提起でした。監査教育はいかがでしょうか。

伊豫田

会計教育において監査論という科目は、カリキュラムの応用コースあるいはアドバンス

(9) 2005年の初版以来、版を重ね、最新版は第11版（2016年）。各版のはしがきでは、「考える会計学」、「会計の心」といった用語を継続して使ってきている。なお、2015年には日本会計教育学会より、本書に対して「第２回会計教育学会賞」が授与されている。

コースに位置づけられるのが一般的ではないでしょうか。つまり、監査を学ぶその前提段階として、まずは簿記や財務会計等についてのしっかりとした知識を身につけることが必要となります。会計処理の手続や方法についての知識をしっかりと身につけておかなければなりません。その上で、監査理論や基準、それに具体的な監査の技術や手続を理解することが必要になります。

橋本 一人前の監査人を育てるには時間と手間がかかるということですね。

伊豫田 ただ、実際に監査業務に従事したことのない人が監査基準の内容や監査技術・手続を理解するというのは、なかなか難しい話です。しかし、監査教育の要ということであれば、一番重要なのは監査基準の一般基準の内容に関する教育だと思います。結局のところ、監査教育において何が一番大事かというと、一般基準に示されているような、プロとして身につけるべき素養だとか、プロとしての行為指針というところなのです。

八田 結局、監査がうまくいくかどうかは監査人の人的資質にかかっていますからね。

伊豫田 大学4年間の会計教育の中で監査に関する体系的な知識を身につけるというのは、なかなか難しいと思います。むしろ、社会人としての経験を積んだ後で勉強した方が身につくのではないでしょうか。社会経験豊かな人たちにぜひ監査の世界に来てもらえればと思います。そのようなプロフェッショナルを育成するために、**会計大学院**(10)が作られたのでしょう。その意味でも、やはり監査教育に関しては、会計大学院における教育が非常に重要な意味をもつと思います。逆にいうと、学部レベルでの監査教育では限界があると私は思っています。

橋本　会計大学院では、それぞれの系列の科目を基礎科目、応用科目、実践科目と位置づけたり、事例研究やインターンシップを配置したりして、段階的な学習や体験型の学習ができるようにカリキュラムを配置していますが、そうした方法で再整理することも有効ですね。

八田　内部統制についても、同じような問題、課題があります。企業内部の管理体制、企業論あるいは経営管理論としての議論です。企業とは何か、あるいは経営とは何か、また実際に企業行動はどのような理念に基づいているのかということをまったく知らない立場で議論しても、実感がわかないかもしれません。一旦組織に入って、その一員となって複数の人間が絡んである目的に向かって業務を行っていく際に、内部統制という統一的な方向性を示す議論が出てくるのです。

ガバナンスの議論となればもっと広いのかもしれません。監査と同じように、上級編の教育となるでしょう。

---

(10)　会計大学院は、専門職大学院の１つとして、会計分野に関する高度な教育を行うべく設立された大学院で、「会計専門職大学院」あるいは「アカウンティングスクール」とも呼ばれる。会計大学院の修了者は一定の要件のもと、公認会計士試験の短答式試験の一部科目が免除される。

伊豫田　私も2つのレベルがあると思います。監査論，内部統制という，いわゆる一番応用的なアドバンスコースで，手続論に終始した事柄を学ぶのは学部生には到底無理でしょう。

八田　無理とはいわないまでも，かなり難しいでしょうね。

伊豫田　公認会計士の試験科目の中に監査論が入っているわけですが，実際に監査業務に携わったことのない学生に対して，細かな手続論の問題を解かせるというのは非常に酷な話だと思いますね。監査をしたことがない人に，具体的な監査手続をどのように適用するのが適切かと問うても，これに答えるのはなかなか厳しいと思います。むしろ，監査教育で重要なのは，会計専門家としての心構えといった，メンタル面の話だと思います。こうした事柄については，おそらく学部教育でも行うことができると思います。それは，監査の世界だけの話ではなくて，会計マインドを育成するための，いわゆる会計倫理教育の中でできる気がします。

橋本　ただ，ひとくちに倫理教育といっても，それを教えるのは簡単ではないですよね。

伊豫田　そうです。重要なのは教育手法ですよね。近年，とみに市民権を得てきたアクティブラーニングを活用した会計倫理科目で教えていくのがよいのかなと思います。ただ、実際には、それが学部レベルで十分に行えなかったから、倫理教育は会計大学院に委ねられたんでしょうね。

八田

実際問題、会計大学院の制度も10年を超えました。各会計大学院は、手探りの段階から第2世代に入ってきました。倫理教育などはかなり徹底してやっています。そこで育った人たちがどういう形で社会に貢献できているのか、これを見届けることが今後必要になります。ただ、教育がしっかりするという大前提として、われわれ大学人としてはそれを支える研究面でも遜色のない成果をだしていかなければなりません。

伊豫田

そうですね。そのとおりだと思います。

3 学会の今後の展望

八田

最後になりますが，われわれはそれぞれに学会の会長を拝命しています。それぞれの学会の名称にはすべて「研究」という名前がついています。「国際会計研究学会」，「日本監査研究学会」そして「日本内部統制研究学会」。したがって，研究を疎かにはできません。会長の立場から，それぞれの学会における「研究」の課題を最後に述べてみたいと思います。

橋本

国際会計研究学会(11)の英文名称は，Japanese Association for International Accounting Studies（JAIAS）で，リサーチではなくあえてスタディという用語を使っています。これは第2代会長の故中島省吾先生が，国際会計という性格上，緊密なコラボレーションが必要とされる研究領域であるので，実務家も参加しやすいようにと配慮されたものでした。その後リサーチに変えるべきとの提案もありましたが，ジャイアスのまま今日に至っています。もちろんわれわれ学者にはリサーチレベルの参画が求められることはいうまでもありませんが。

(11) 国際会計の研究を推進することを目的に1984年に設立された学会（初代会長は故染谷恭次郎先生）で，2015年末時点の会員構成は，正会員525名，院生会員35名，賛助会員5団体，名誉会員13名。

伊豫田　**日本監査研究学会**[12]の英文名称はJapan Auditing Association（JAA）でリサーチもスタディも入ってないな。

八田　**日本内部統制研究学会**[13]は当初Japan Internal Control Association（JICA）という英文名称を使っていましたが、本家本元の国際協力機構（ＪＩＣＡ）から変えてほしいと要請がありまして、Japan Internal Control Research Association（JICRA）になりました。

橋本　国際会計研究学会は、国際会計研究や教育に関心を有する会員の相互交流・情報交換の場として、それぞれの時代において、十分とはいえないまでも重要な役割と責任を果たしてきたように思います。設立当初の本学会は、国際会計に関する海外の学者やキーパーソンを招いて記念講演を開催するなど、会計関連の他の国内学会にはない特色ある取り組みを積極的に推進していました。著名な学者などと直接交流する機会は当時は大変貴重なものであり、大学院の学生であった私も多くの刺激と感銘を受けました。しかし、当時の問題意識は、わが国の理論と実務を確立・改善することにあり、海外の進んだ国の理論や実務を学び、キャッチ・アップすることに重点が置かれていたように思います。多国籍な会員構成、海外の関連学会との相互交流や研究成果の海外への積極的発

(12)　日本監査研究学会は、1978年に設立され、わが国における監査理論・制度研究をリードする学会である（2015年度現在の会員数は約430名)。会員・準会員に多数の公認会計士を擁しており、理論面だけでなく、実務面に関する調査・研究も積極的に行っている。

(13)　日本内部統制研究学会は、2007年に「内部統制の研究および実務の振興を図り、わが国社会の持続的発展に貢献していくことを目的」に設立され、わが国企業の内部統制の向上に貢献している学会である（2015年度現在の会員数は約250名)。正会員・準会員そして賛助会員から成り、理論面での研究だけでなく、実務面における調査・研究も行われている。

信、海外の学者による研究成果の顕著な利用、諸外国の会計インフラ整備への貢献といった点に関してはまだまだで、国際をその名称に冠する学会に期待される役割の水準には遠く及んでいませんでした。近年では、特定課題に係る研究グループの立上げや投稿論文の査読制度の導入により、研究年報の質の保証を図るとともに、韓国国際会計学会（ＫＩＡＡ）との学術交流も開始するなど、新たな取り組みをいくつか進めていますが、設立から30年を経て、会計基準や会計研究・教育のグローバル化に大きな関心が寄せられる中、本学会の果たすべき役割はますます重要なものとなってきており、その活動に対して各方面から大きな期待と関心が寄せられています。したがいまして会長として、わが国の国際会計研究・教育の活性化を図るとともに、とりわけ、ＩＦＲＳに関する国内および海外における議論に積極的にコミットしていくこと、諸外国の学会との積極的な交流の推進を図ること、若手の国際会計研究者の育成・支援プログラムを整備し、若い研究者が自由闊達に研究活動を行うことをサポートする体制を構築することなどを通じて研究活動の活性化と積極的な社会貢献や情報発信に取り組むことで、本学会のさらなる発展と飛躍のために残りの任期に全力を傾注したいと思います。

八田

日本監査研究学会はどうでしょう。

伊豫田

これまでの監査論教育は、基本的に制度論を中心にした研究、つまり基準の解釈をベースにした研究が多かったと思います。それは、わが国の監査論研究が、いわゆる移入の学問であったところから避け難い状況でしたし、規範的な議論展開をしていく上でその重要性がなくなることはないと思います。

橋本　わが国の場合、それは会計に限った話ではないでしょうがね。

伊豫田　ただ、他方で、アメリカ流の実証研究や実験研究といわれる、単なる基準の解釈ではなく、現実に生起している事象を説明するための理論研究がわが国でも次第に盛んになってきました。これは非常に意義のあることだと思いますが、ただ、一歩間違えると、監査のことをあまりよく知らない人が監査理論に裏づけされない自分勝手な解釈を行う、単なる説明のための説明理論になってしまう可能性がなくもありません。その意味で、地に足の着いた実証研究が展開できるように、伝統的な歴史研究や理論研究を重視していくという姿勢も必要です。

八田　まさに古典から学ぶということの重要性を再認識するということですね。

伊豫田　また、監査研究は制度との関わりという側面が大きいので、いろいろな研究を通じて得た知見を積極的に社会に発信していかなければと思います。ただ、そのためにも、橋本さんがおっしゃったように、若手研究者の育成が重要でしょうね。監査論を学びたいという若手がそれほど多くないという現状には問題があります。

橋本

それはどうしてでしょうか。

伊豫田

どうして若手研究者が出てこないかというと、その理由の1つとして、監査論研究に関する面白いテーマを提供できていないという可能性があります。だとするならば、現状、一体どんなテーマがあるのか、どういうアプローチがあるのかといったことを、先行研究の棚卸しをして、提示していく必要があるんじゃないでしょうか。現実の世界で起こっているさまざまな事件、事例を監査論的に分析して世の中に情報発信していかなければなりません。これからは移入する学会から、発信を重視した学会へと変えていきたいと思っています。

八田さんの日本内部統制研究学会はいかがですか。

八田

国際会計の世界も監査の世界も、海外からの受け入れないし移入の時代を卒業して、国際貢献のためにも移出できるような研究成果が出てくればいいでしょうね。ただ、国際会計研究学会も日本監査研究学会も、昔に比べるならば、いわゆるアカデミックス以外の実務家、例えば専門職業人ですとか、企業人といったメンバーが漸増していることは事実です。

翻ってわれわれ日本内部統制研究学会は、メンバーの過半が実務家です。まだまだ学者ないしは研究者の数が少ないのです。これが2つの学会に比べて特徴的なことかと思います。それは、研究機関に所属する方たちの中で内部統制に強い関心をもって研究活動を行っている人が必ずしも多くないということもあります。歴史的にみても、内部統制を研究対象として取り上げるという時代はそんなに遠い昔ではなくて、1992年にCOSOという団体が初めて内部統制の統合的フレームワークという報告書を公表し、それが実践の中にも浸透してきたことが嚆矢と思われます。その報告書の改訂版とされる2013年の報告書が公表されたということで、内部統制研究にも拍車がかかったということです。今後は、企業のあるべき姿、あるいは信頼し得る市場の姿として、企業行動の要となる内部統制がどうあるべきかということは、さまざまな視点から研究されるべきだと思います。それが規範研究なのか、実証研究なのか、あるいはケーススタディなのかわかりませんが、まだまだ、内部統制研究は緒についたばかりだといえます。

もう1つは、内部統制の議論が始まったときにいわれたのが、複数の人が集まって組織を形成したときに、そこに内部統制の議論が始まるということです。その場合に、組織がもっている、あるいは事業体がもっている特性、特徴ないしは役割は皆違うということから、それぞれに内部統制の考え方が示されていました。このような必ずしも共通土俵で語られていなかった内部統制の考え方を集約する形で、それを統合的なフレームワークとして確立したのが、1992年のCOSOの報告書だったのです。したがって、それは演繹的に作り上げたのではなく、まさに帰納的にこのフレームワークを提示したのです。その後に、あるべき姿の演繹的な議論も始まっているのです。

日本はそのうちの一部を、まず金融商品取引法の中で制度として導入しました。会社法も実践の中で試行錯誤的に導入しているわけです。したがって、われわれ学界人は、そういう事案を実体的に評価することが大事ですが、本当に目指すべき健全な方向性は何かということを考えて、多くの関係者に内部統制の研究をしてもらいたいと思います。

いま学会で頻繁に行われているのは、事例研究です。各企業が効率的、効果的に、あるいは評価されるような内部統制対応をしている会社はこうですよと紹介しています。まだまだ理論的な側面に立ち入っていないのが現状ではないでしょうか。

伊豫田

監査と内部統制とは密接な関係があります。監査論研究と内部統制研究は車の両輪のように関連しています。ですので、今後は、日本内部統制研究学会と日本監査研究学会との間で、いろんな形でのコラボレーションが考えられると思います。さらに、監査の国際化や会計の国際化ということを考えると、当然のことながら、国際会計研究学会との連携も重要になってくると思います。そういう意味で、3つの学会が三位一体となって会計研究を進めていくということが、今後のわが国会計研究において、重要になると思います。

八田

その意味で、われわれは重責を負っています。できればわれわれが今回の企画の続編を考えるならば、会計実務家の団体、すなわち日本公認会計士協会や日本税理士会連合会といった実務に関わっているプロフェッションと議論してみたいなと思います。

本日は、ありがとうございました。

伊豫田・橋本

ありがとうございました。

[著者略歴]

八田　進二（はった　しんじ）

慶應義塾大学大学院商学研究科博士課程単位取得満期退学。

現在　青山学院大学大学院会計プロフェッション研究科教授、博士（プロフェッショナル会計学）（青山学院大学）。日本内部統制研究学会会長、金融庁企業会計審議会委員など。

［主要業績］

『会計プロフェッションと監査』（同文舘出版、2009年）（平成22年度日本監査研究学会研究奨励賞、2010年度青山学院学術褒賞受章）

『会計・監査・ガバナンスの基本課題』（編著、同文舘出版、2009年）

『内部統制の考え方と実務』（日本経済新聞社、2006年）ほか多数。

伊豫田隆俊（いよだ　たかとし）

大阪大学大学院経済学研究科博士後期課程単位取得満期退学。

現在　甲南大学大学院社会科学研究科教授、博士（経済学）（大阪大学）。日本監査研究学会会長、金融庁企業会計審議会臨時委員など。

［主要業績］

『制度としての監査システム』（同文舘出版、2003年）

『フランス監査制度論』（同文舘出版、2000年）（日本公認会計士協会第29回学術賞、平成13年度日本監査研究学会研究奨励賞受賞）ほか多数。

橋本　　尚（はしもと　たかし）

早稲田大学大学院商学研究科博士後期課程単位取得満期退学。

現在　青山学院大学大学院会計プロフェッション研究科教授。国際会計研究学会会長、金融庁企業会計審議会臨時委員など。

［主要業績］

『財務会計の基本を学ぶ（第10版）』（同文舘出版、2014年）（日本会計教育学会2015年度学会賞受賞）

『2009年国際会計基準の衝撃』（日本経済新聞出版社、2007年）（国際会計研究学会2007年度学会賞受賞）ほか多数。

〔各学会のURL〕

国際会計研究学会（Japanese Association for International Accounting Studies：JAIAS）

［学会ウェブサイト］http://jaias.org/

日本監査研究学会（Japan Auditing Association）

［学会ウェブサイト］http://www.dobunkan.co.jp/audit/

日本内部統制研究学会（Japan Internal Control Research Association：JICRA）

［学会ウェブサイト］http://jicra.org/

平成28年４月10日　初版発行　　　　　略称：会計のいま

会計のいま、監査のいま、そして内部統制のいま
―日本経済を支える基本課題とは？―

著　者　Ⓒ　八　田　進　二
　　　　　　伊豫田　隆　俊
　　　　　　橋　本　　　尚

発行者　　　中　島　治　久

発行所　同文舘出版株式会社
東京都千代田区神田神保町１-41　〒101-0051
営業（03）3294-1801　編集（03）3294-1803
振替 00100-8-42935　http://www.dobunkan.co.jp

Printed in Japan 2016　　製版：一企画
　　　　　　　　　　　　印刷・製本：三美印刷

ISBN978-4-495-20401-3